房地产REITs快速融资的九堂课

贾奕琛　著

·北京·

图书在版编目（CIP）数据

房地产REITs快速融资的九堂课/贾奕琛著．—北京：中国市场出版社，2019. 1

ISBN 978-7-5092-1615-6

Ⅰ．①房… Ⅱ．①贾… Ⅲ．①房地产投资—信托基金—研究 Ⅳ．①F293. 33 ②F830. 59

中国版本图书馆CIP数据核字（2017）第251383号

房地产REITs快速融资的九堂课

FANGDICHAN REITs KUAISU RONGZI DE JIU TANG KE

著　　者：贾奕琛

责任编辑：晋璧东（874911015@qq.com）

出版发行：中国市场出版社

社　　址：北京市西城区月坛北小街2号院3号楼（100837）

电　　话：（010）68033539

经　　销：新华书店

印　　刷：河北鑫兆源印刷有限公司

规　　格：787mm × 1092mm　　**开　　本：**16开

印　　张：18.625　　**字　　数：**200千

版　　次：2019年1月第1版　　**印　　次：**2019年1月第1次印刷

书　　号：978-7-5092-1615-6

定　　价：118.00元

本书REITs专家名录

胡建明 第一太平戴维斯董事

边瑞军 第一太平戴维斯董事

彭　俊 北京金诚同达律师事务所高级合伙人

许海波 北京金诚同达（上海）律师事务所高级合伙人、金融业务部负责人

贾奕琛 国牛投资董事长

王建华 国牛投资综合金融总经理

李贻林 国牛投行部总经理

温　馨 国牛投资研究员

商宇航 国牛投资研究员

高小勇 国牛并购重组税务研究员

于小霞 国牛并购重组财务研究员

信托单位持有人
持有份额
分红
管理服务
代表信托单位
持有人
信托管理人
REIT
托管方
管理费
托管费
物业所有权
净现金流
物业管理服务
物业管理人
物业
物业管理费

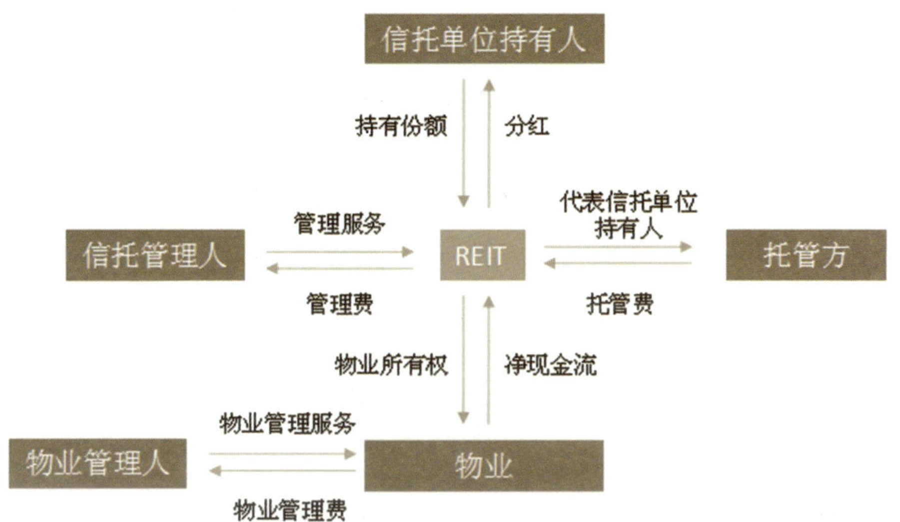

REITs架构示意图

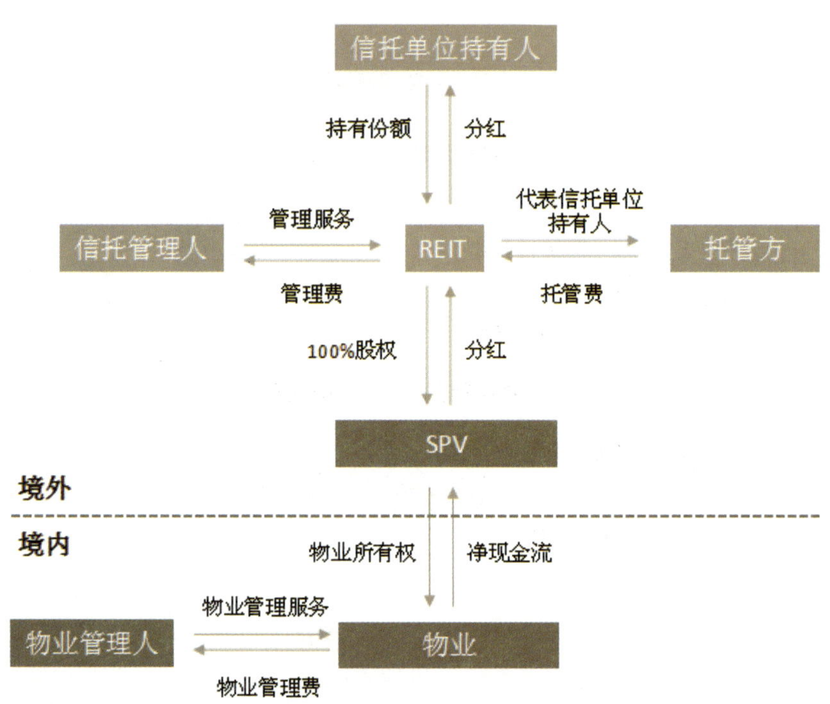

REITs的运营收益架构图

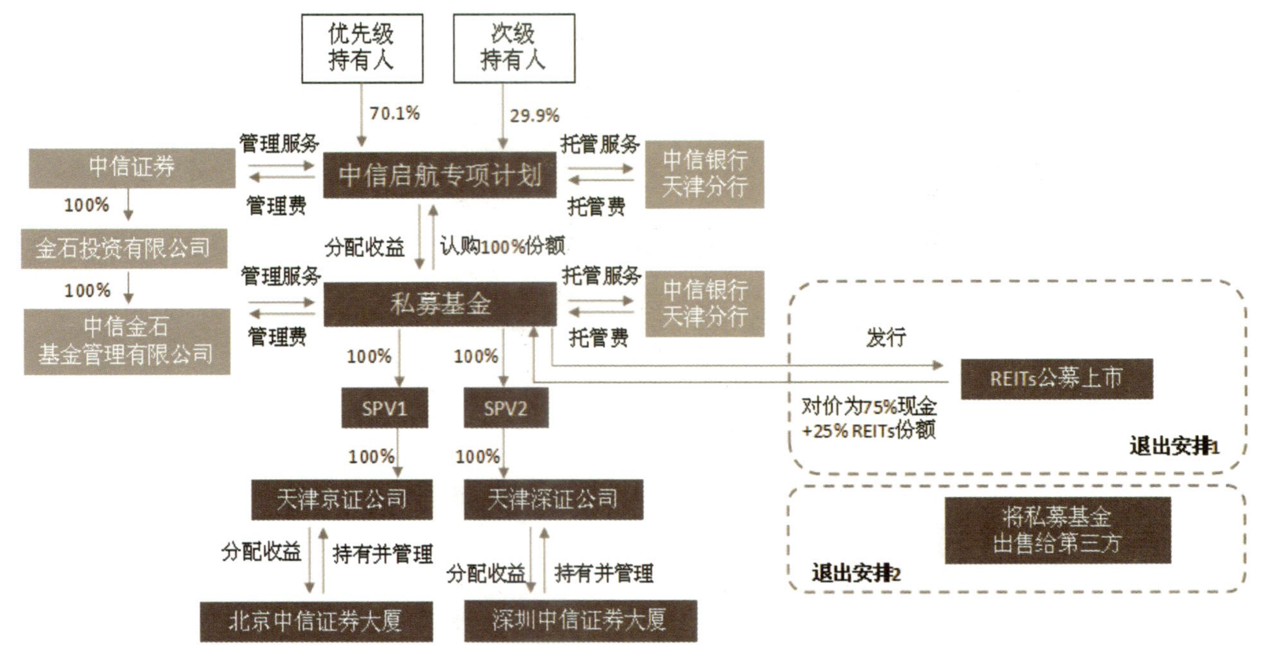

中信启航专项资产管理计划架构图

信托单位持有人
持有份额
分红
发起人
100%持有
出售资产
代表信托单位
持有人
托管人-经理
REIT
管理和托管服务
管理费和托管费
物业所有权
净现金流
物业管理服务
物业管理人
物业
物业管理费

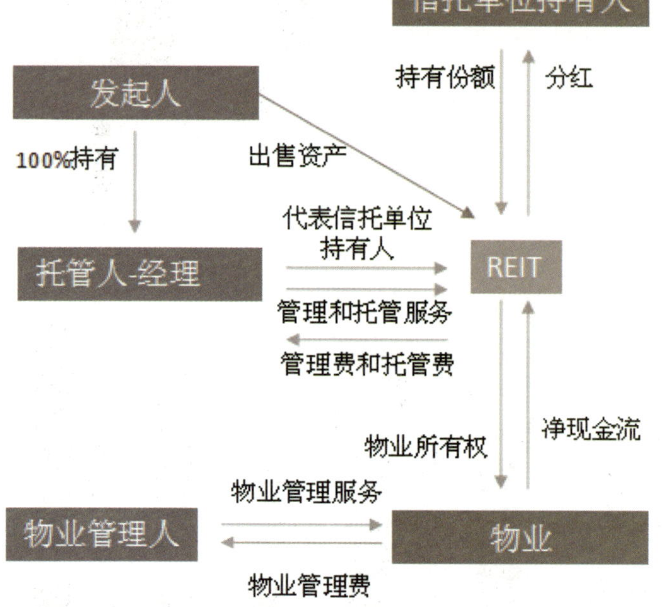

商业信托的组织架构图

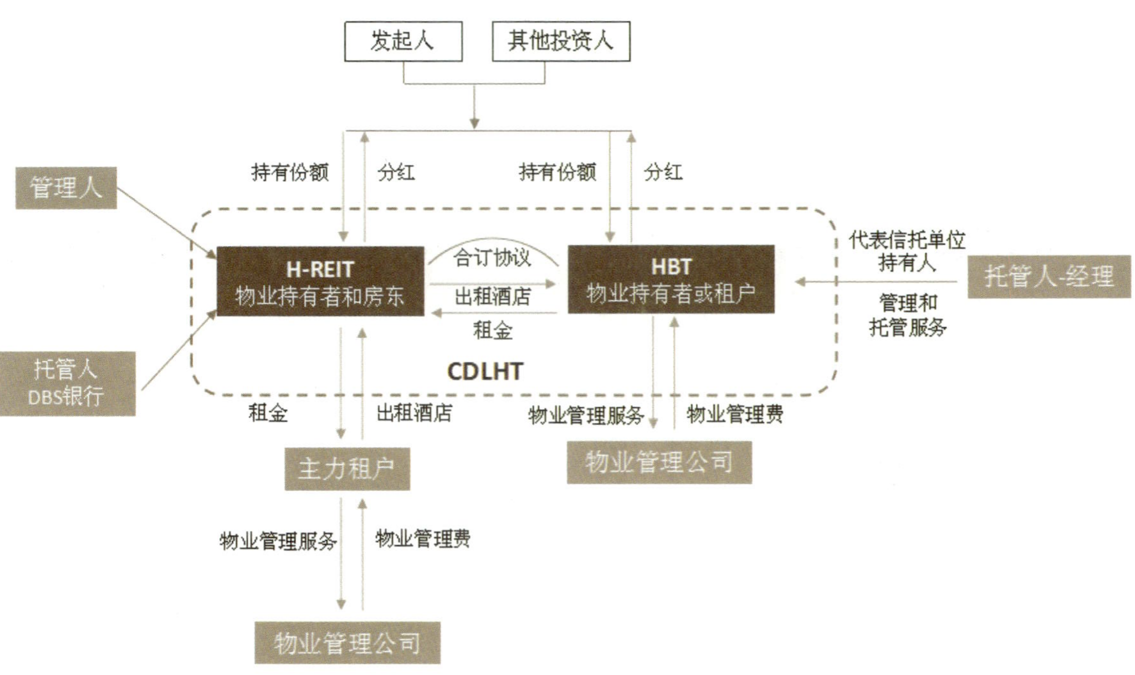

新加坡CDL Hospitality Trust 架构图

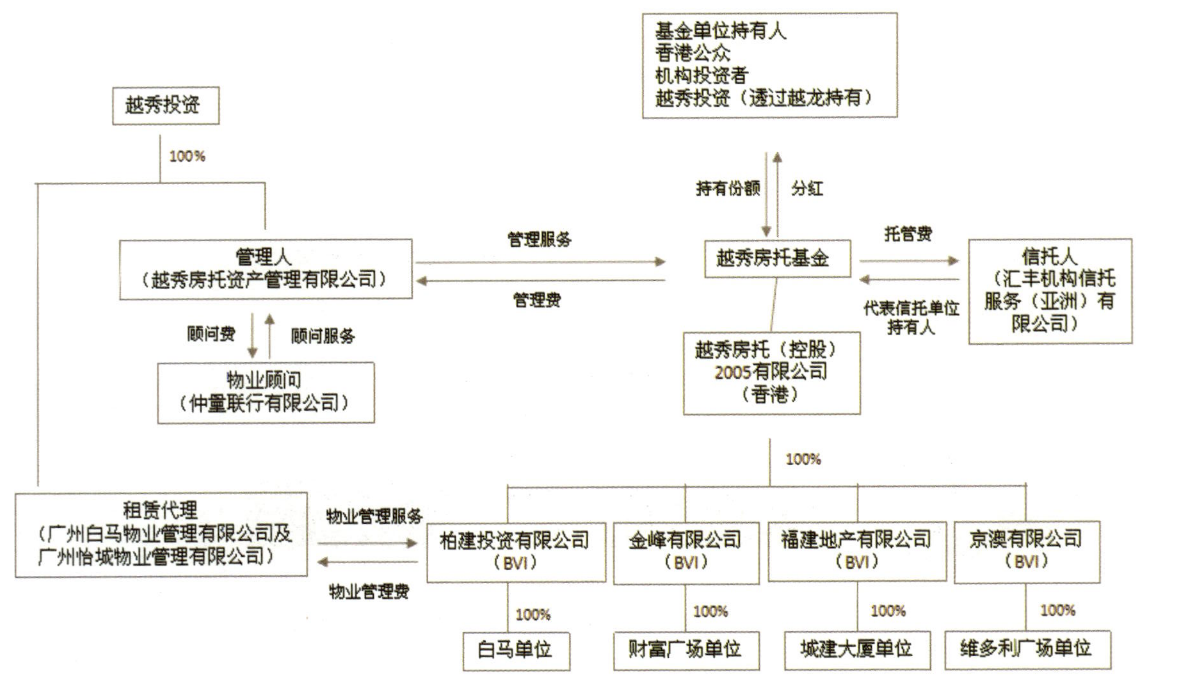

中国广东越秀上市组织架构图

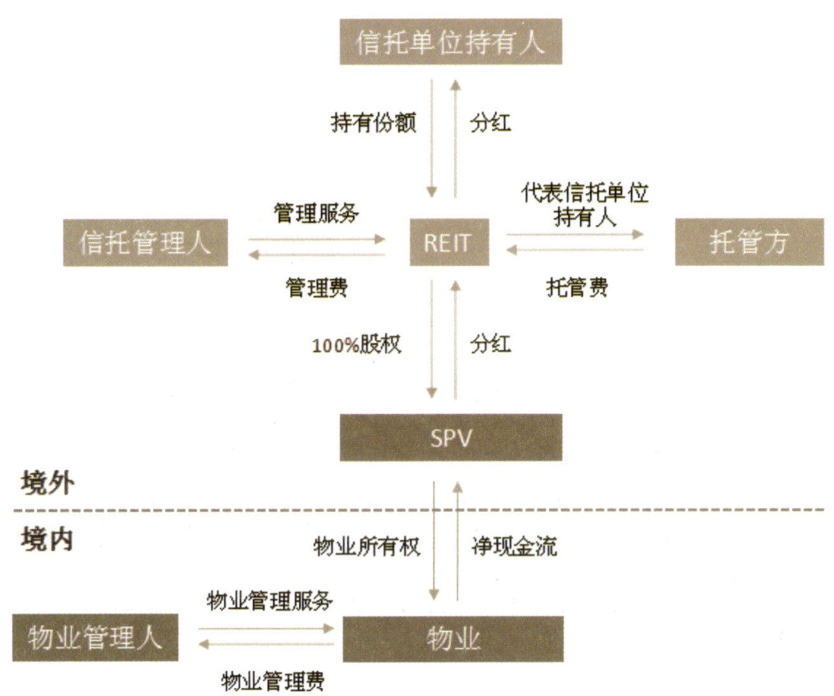

REITs的运营收益架构图

凯德集团
•区域投资
•凯德基金管理
凯德中国
凯德商用
凯德新加坡
雅诗阁有限公司
凯德商用中国信托 CRCT
凯德商用新加坡信托
凯德商用马来西亚信托
凯德商务产业信托
雅诗阁公寓信托

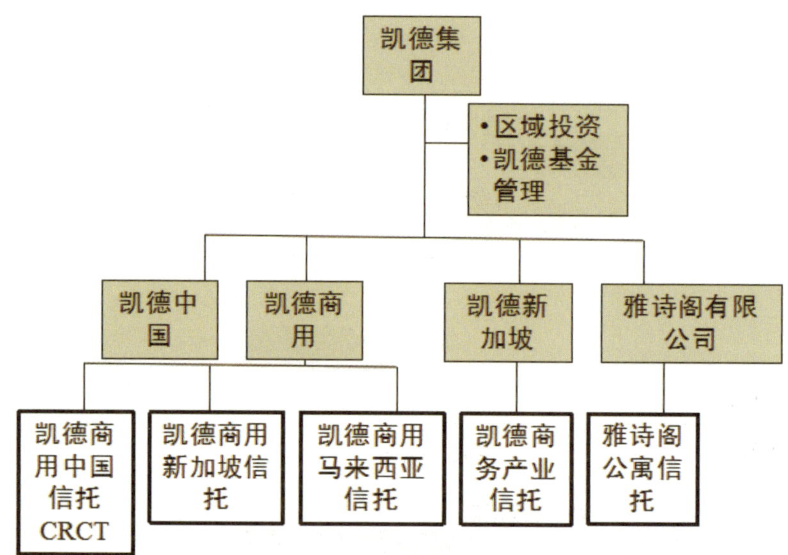

凯德集团架构图

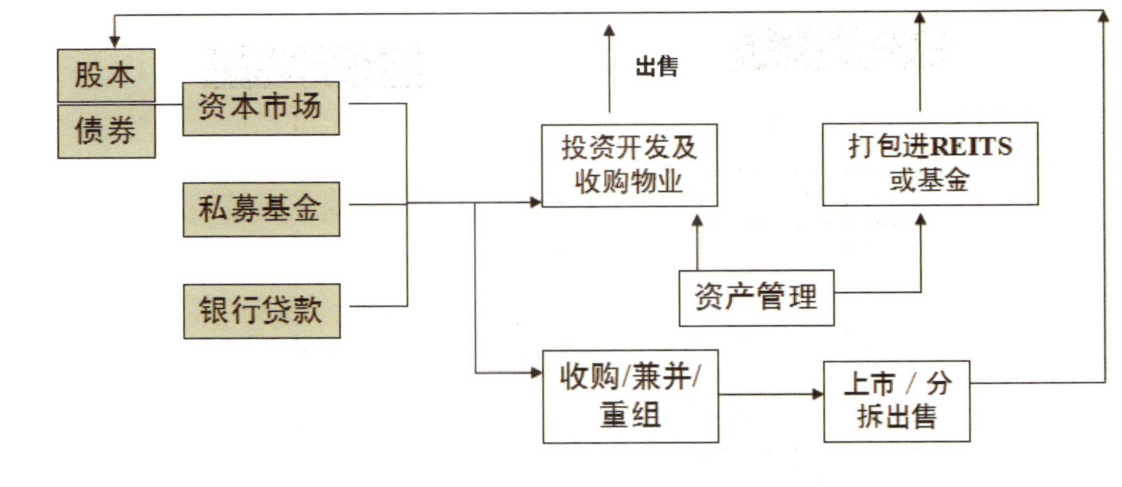

凯德集团“私募+地产”的商业模式示意图1

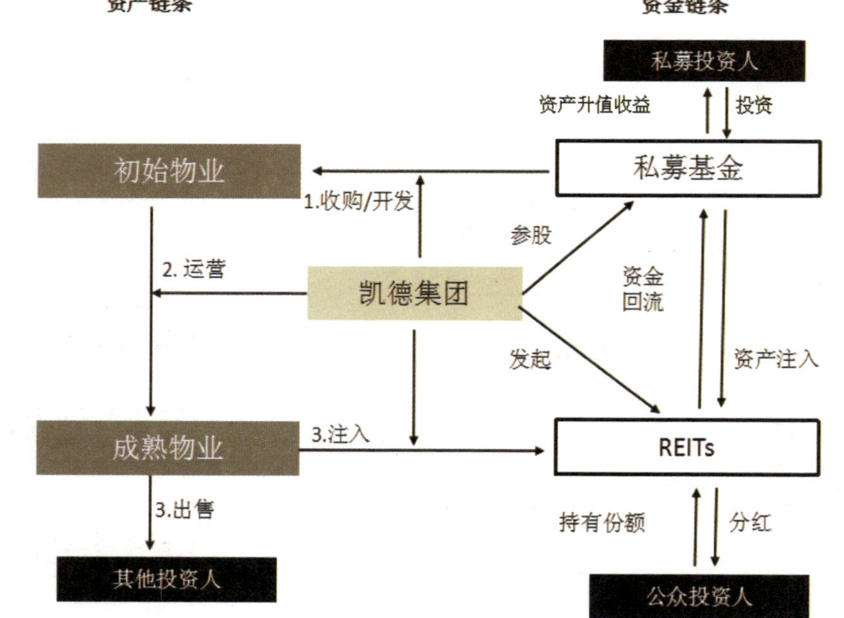

凯德集团“私募+地产”的商业模式示意图2

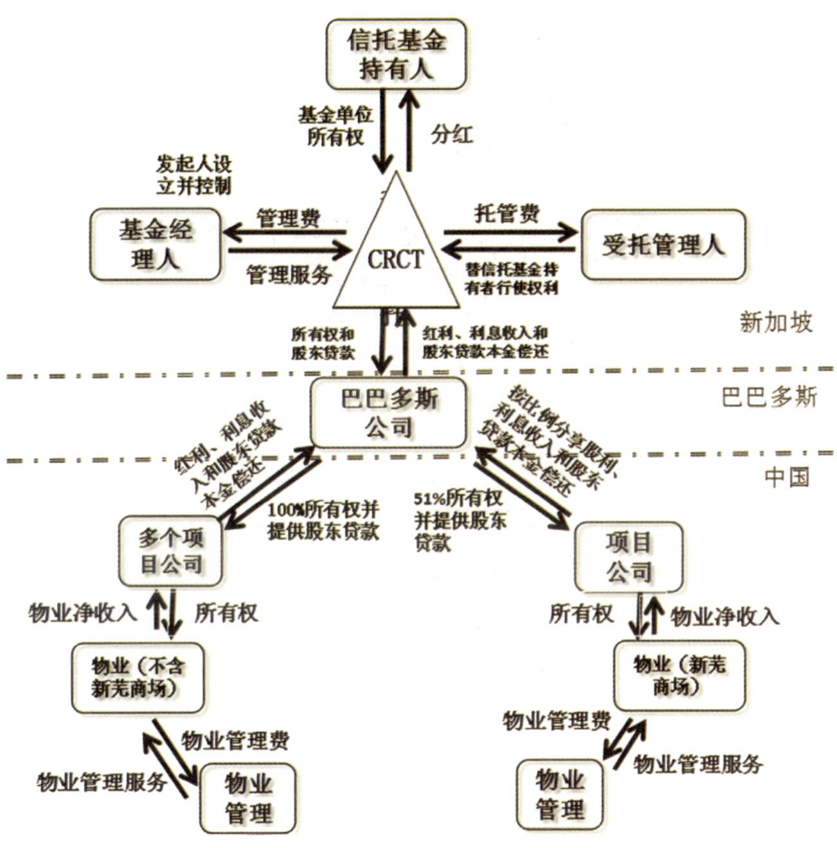

CRCT上市组织架构图

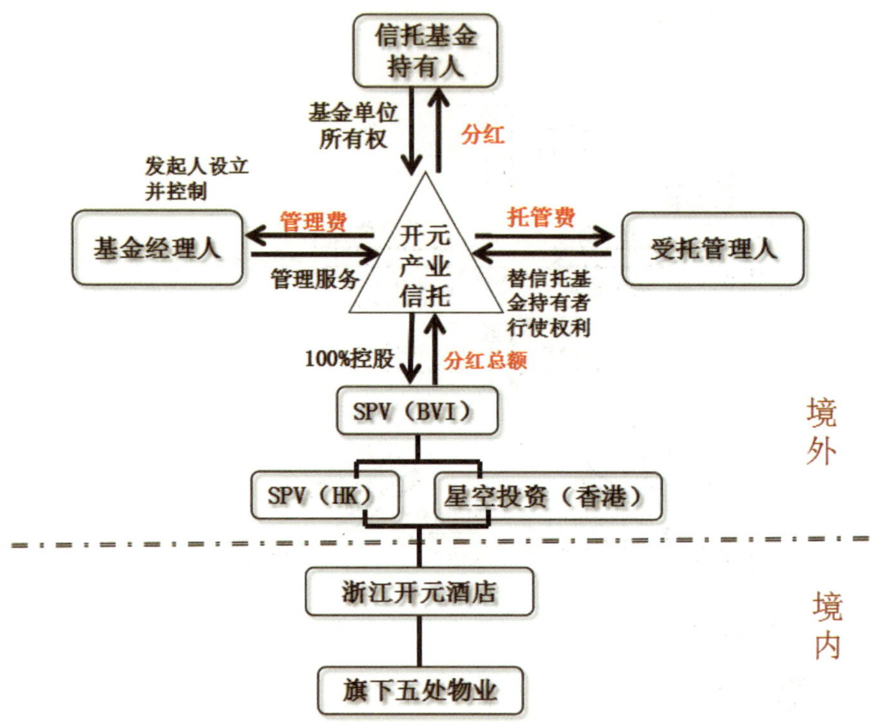

开元信托上市组织架构图

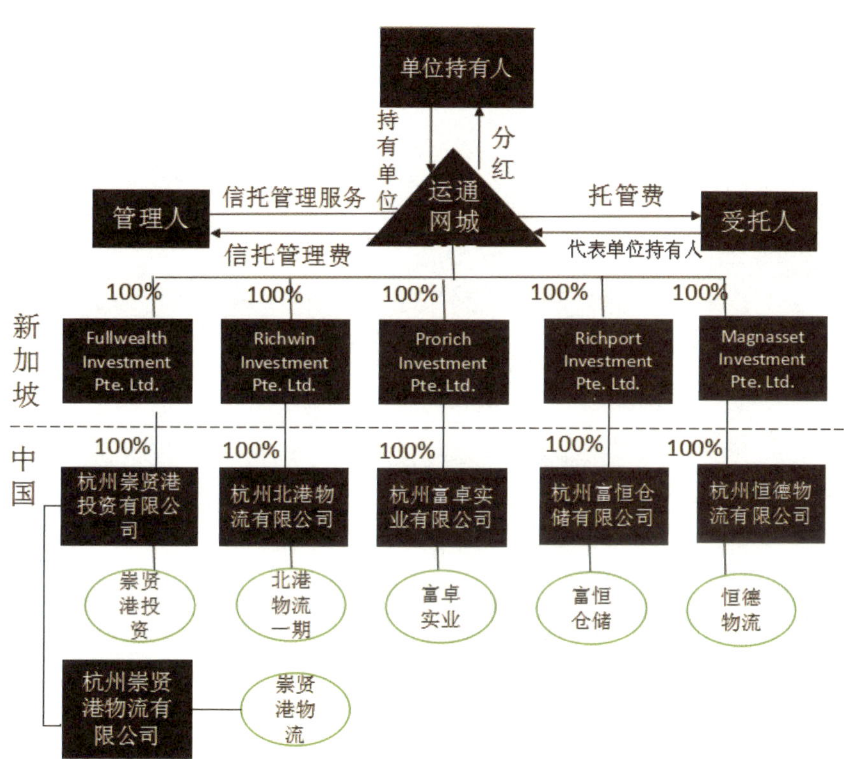

ECWR上市组织架构图

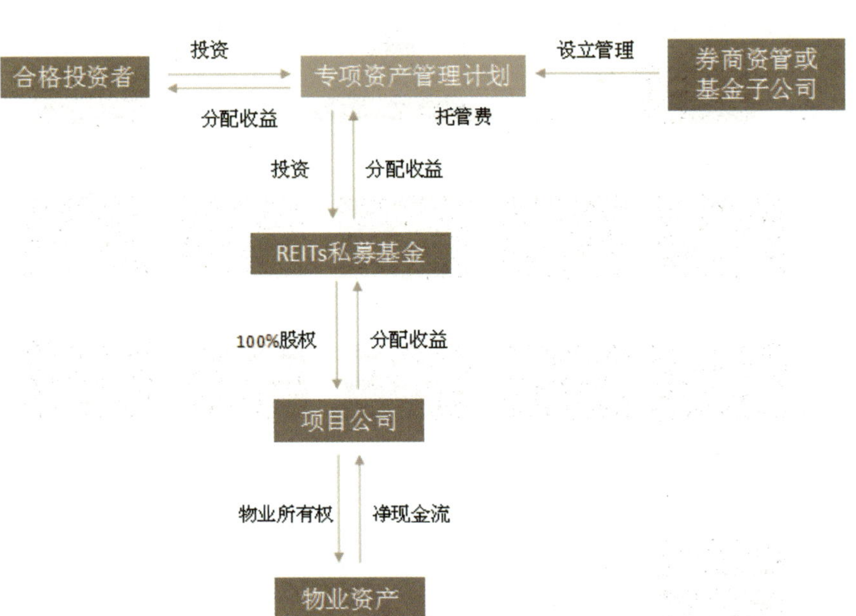

“类REITs”的交易架构图

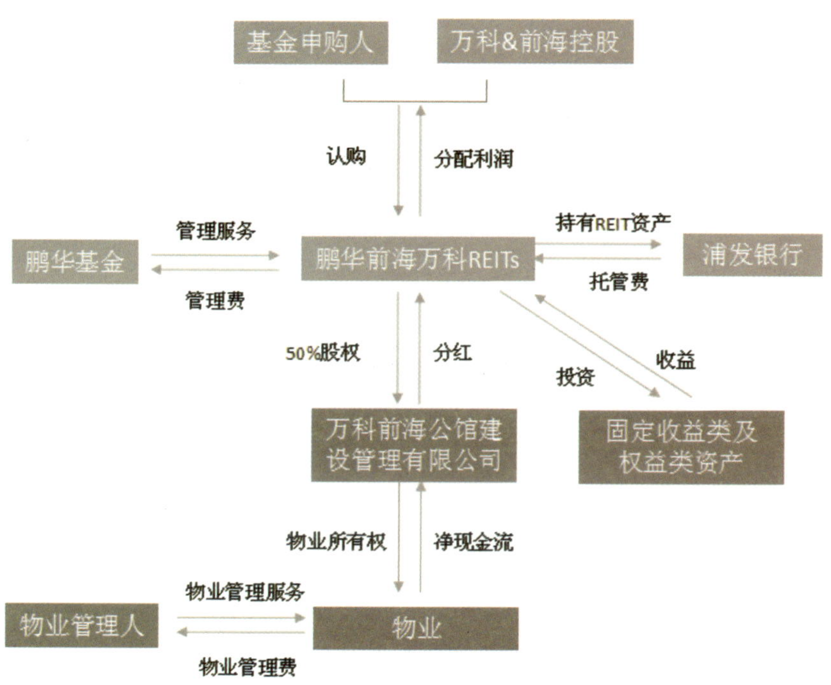

鹏华前海万科REITs基金交易结构图

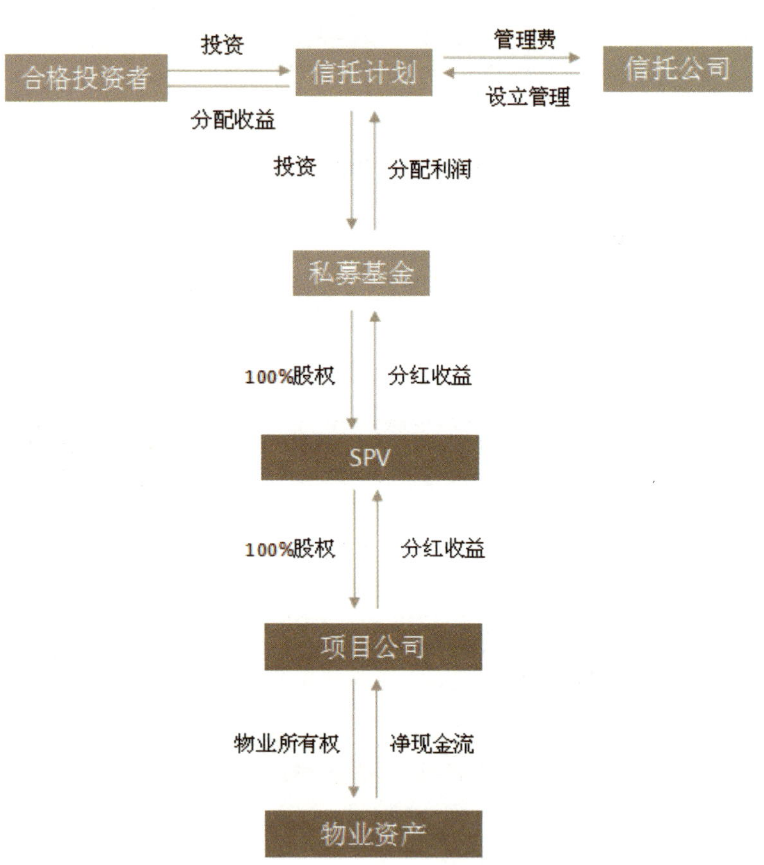

兴业皖新阅嘉REITs交易架构图

序言

近年来，国内经济整体下行，政策不稳定，此外包括特朗普“贸易战”等海外因素，都将对中国整体政经产生很大的影响。国内各银行普遍出现抽贷现象，紧缩银根，导致房地产企业雪上加霜。同时，中国资本市场的法律与监管环境有待完善，国内上市充满不确定性。在这样的宏观环境下，国内资产证券化的政策利好持续出现，出现了租赁住房证券化、储架发行等方面的重要创新，不少房企（尤其是高评级房企）纷纷试水。

而鲜为人知的是，有少数房企积极探索境外REITs路径，如今已进入了高速发展的新阶段。在新加坡，旗下资产包成功上市的企业包括华联（2015）、运通网城（2016）、大信（2017）以及砂之船（2017）。此外，在中国乃至亚洲大获成功的凯德集团，早在2001年就在新加坡本土发行了第一支REITs，如今已成长为项目遍布全球30多个国家和地区、多元化业务、亚洲规模最大的房地产集团之一。

境外REITs究竟是个什么东西？为什么这些房企愿意冒着“第一个吃螃蟹”的风险进行跨境融资？它们又有什么珍贵的经验教训可供借鉴和仿效？

围绕以上核心问题，本书进行了逐一破解。本书编委由国内各大专业服务机构的业务负责人组成，曾参与研究或亲手操盘过境内企业赴境外REITs的成功上市项目，他们负责资产评估、资产重组、跨境资金、银团组建、基石投资者等不同领域的工作，见证了企业在自身扩张与转型道路上画出的浓墨重彩之笔。

毋庸置疑，通过REITs上市可实现轻资产的战略目标，优化资本结构，降低融资成本。同时，在境外上市后，每年有两次定增机会，企业可获得利用资本市场进行并购和业务增长的平台，强化业务品牌和拓展业务范围，从而实现集团的发展壮大。企业还因此得以实现盈利模式的转型，每年的信托管理费收入相当可观。

但是，必须指出的是，在上市过程中，企业普遍存在着资产重组和税费规划的需求，做好税费规划，才能降低上市风险和融资成本。上市后，也需要持续运营并做好资产组合的主动管理，对习惯于传统“拿地—开发—出售”模式的国内房企而言，是个全新的挑战。

本书从融资角度出发，探索房地产资产证券化的重要实务问题，意在与正进行战略思考的房企老板们共同探讨房地产金融新的可能性。**读罢此书，我们将会发现，大家面临的问题不再是能不能融资，而是如何更好地利用境外REITs这个融资渠道支撑房企的战略布局。**

推荐语

该书以严谨中不失诙谐的笔调详尽介绍了REITs的各种知识，相信能让读者从中找到自己需要的答案。书中对于上市发行的整体流程和案例的介绍尤为让人眼前一亮。凯德中国零售REITs（CRCT）成为第一支在新加坡IPO上市的中国房地产基金之后，陆续有北京华联、运通网城、中山大信、砂之船等REITs赴新加坡IPO上市成功，除此之外还有10支新加坡本地REITs持有中国物业，加起来赴新加坡上市的中国物业达到46处之多。我们认为应该从新加坡的相关法律和税收制度中学习经验，运用到我国的REITs产品发展中去，中国REITs联盟对于中国商用物业在国内外的上市将保持持续关注。

——王刚 中国REITs联盟秘书长

地产证券化在中国还有很长的路要走，主要面临税收、法律等障碍。这本著作用实例告诉那些在融资路上举步维艰的房企，境外REITs未尝不是一个出路。专业的事交给专业的人去做，本书给出了实战步骤的重要参考。

——王贵亚

北京昊翔资本创始人、董事长

中国建设银行总行原投资总监

建银国际原董事长

万达集团原高级副总裁

资产证券化目前在中国才刚刚起步，作为20世纪后期新兴的一种融资方式，改变中国房地产金融的整体发展格局，其发展潜力不可忽视，有望成为中国开发商和资产持有人的主要融资选择。通过境外REITs的实操，企业可以抢先一步展开自身的战略布局。

——胡建明

特许金融策略师

英国皇家特许测量师学会资深会员、中国区考官

第一太平戴维斯估值及专业顾问有限公司董事

广州第一太平戴维斯房地产与土地评估公司北京分公司负责人

REITs是一个主动管理的永续性载体，以主动的物业运营管理和资产组合管理作为基础，在境外可以通过定增、发债等实现增益性收购，提升物业整体估值。国内的REITs仍未完全放开。本书的出现，给目前国内开发商和资产持有人提供了一条全新的融资和发展路径。

——边瑞军 第一太平戴维斯估值及专业顾问有限公司董事

目　录

第一堂课　政策压顶，尚能饭否

夜已深，瑞运地产的何老板刚刚结束与公司财务总监的小型会议，留下一桌烟头。

何老板眉头紧锁，思考着刚刚林总监的话："公司现在现金流吃紧，目前正在开发的项目需要大量的资金，3年前的银行贷款6个月后就要到期。寻求下一笔资金成为公司现在急需考虑的重中之重。"

何老板看着窗外，叹了口气。可能是因为前两年公司的拿地策略比较激进，手里储备了好几块土地。地块确实是好的地块，在城市的中心区，有很大的增长潜力，因此自己舍不得将项目拱手让人。现在项目已经开发了一大半，未来现金回流的机会巨大，可不能功亏一篑。但是开发毕竟需要一定的周期，开盘后也需要一段时间的市场培育，然而，银行还款的压力已经顶在了脑门。

目前公司的负债率已经达到80%，再周转现金已不是件易事。加上最近国家密集地出台各种政策，找资金更加棘手。前两天和一直合作的银行的信贷经理小李吃饭，对方也是一脸难色，说这个得回去仔细查看公司的财务报表和信用评级，现在房地产的信贷管得比较紧，不太好办。

除了贷款还有什么法子呢？何老板之前问林总监“咱能不能尝试发公司债？”林总监表示，现在都是得综合排名前100的房企才有排队发债的资格，咱们规模比较小，也不太好办。听说前面好多房企在等着呢，可是最近3个月没有一个通过审批。

林总监建议去信托公司做一笔专项的信托募资。可是这样做的成本要到15%以上，何老板粗略地算一算，自己项目的回报率没比这高出多少，如果再扣了各种税，还有赔本的风险。

何老板不禁思考，难道这种开发模式真的难以为继么？难道真的要让大的地产商将自己的公司收购么，这又怎能甘心？

何老板躺在床上，辗转反侧……

何为地产融资的四大难题

身为地产企业掌门人的你，是否也是与何老板一样，面临融资压力？

你是否也一直在忧心忡忡，大量的资金押在既有项目中无法盘活？

你的企业是否存在现金流压力，看中了新的好项目却找不到资金在哪里？

近年来，房地产行业的宏观调控措施不断加强，政策飞快密集地出台。2016年的房地产市场，以去库存开局，以控房价防泡沫收盘。从融资的情况来看，2016年上半年经历了一场资金放水开闸，房企老板当然纷纷抓住了时机，整体上，房企融资规模高速增长、融资成本下降，结果推高了部分城市的房价。政府部门一看这哪能成，要因城施策控制房价！于是2016年下半年，控制政策开始陆续迅速出台，由此大型与小型房企也面临更迅速的行业分化，不同信用主体的融资成本出现了显著的差距。

而未来几年的房地产市场，可想而见，将以平稳为目标。中央经济工作会议要求："既抑制房产泡沫，又防止大起大落。"2017年2月17日，央行将下阶段的货币政策定调为"稳健中性"。实际上是较2016年的宽松状态，缩紧了流动性。在整体货币环境偏紧的情况下，政府机构又加强了对房地产企业的融资监管，融资环境不容乐观。

房地产是资金密集型行业，在土地获取、开发中都需要大量的资金。随着中国的经济进入了新常态，房地产企业也面临着新的挑战。行业资源在不断整合，行业集中度不断提高，许多中小企业没能成功转型或是找到融资通路，最终资金链断裂，被兼并收购。房企，尤其是中小型房企的融资问题处于水深火热之中……

“融资难”，大概不是一家企业面临的困境，而是行业在转型期的必然。

我们先来看看，你是否遇到过以下这些地产融资难题？

1.1 融资来源少

温馨提示：地产企业的融资渠道

地产融资从大类来看，也可以分为股权和债权融资。传统的地产债权融资渠道包括银行贷款（开发贷、委托贷款），发行公司债和中期票据，海外债，以及近些年兴起的房地产信托。目前国内的房地产股权融资比较少，除了通过IPO（首次公开募股）上市以及上市公司定增之外，也有一些房地产私募股权基金开始兴起。

除上述类型外，还包括一些创新性融资，包括股债结合的夹层融资，通过特定的资管计划进行。

其实提到地产企业融资，大家印象中的融资渠道按理说也不少。

可是如果仔细深入想想，这些传统的融资渠道现在就真的能轻松地帮房地产企业融到真金白银么？从2016年下半年起，央行、银监会、证监会均对房企融资释放密集的收紧信号，房地产行业的去杠杆开启，控制风险，融资环境反转。

政策压顶，传统的融资之路已经接近遭受四面围困的境遇。

一盘大棋展开在眼前，请看政府调控的决心：

A. 一般的银行信贷：严控信用门槛和用途，总体尚有一丝空间

2016年银监会发布《关于开展银行业金融机构房地产相关业务专项检查的紧急通知》，严控房地产开发贷款，例如要检查是否存在银行资金违规用于购买土地。

此外，部分地区的银行还明确规定：对"地王"项目不能放款；严禁对项目资本金不足、"四证"不齐的房企或项目放贷；对存在囤地、捂盘行为的房企不再发放新增贷款，并收回已发放贷款。

2016年不少上市的大型银行对房地产业贷款都采取区域和客户名单制管理，严控风险。例如建设银行，房地产业贷款较上年减少1149.98亿元。2016年，中国银行对房地产行业的贷款余额较上年年末下降17.95%。而且已经发放的贷款，也仅针对信用评级高的客户。

不过总体来看，银行信贷还是地产企业最主要的融资通道。一些城市的中小商业银行还是增加了开发贷的规模，对于地方房企来说，虽然信用门槛和用途有着诸多限制，银行的开发贷还是留有一定空间。

B. 发行公司债：交易所提高发债门槛，降低审批速度，限制发债用途

2016年10月底，上海证券交易所向各个公司债券的承销机构发函《关于房地产业公司债券的分类监管方案（试行）》，明确规定，房企发行公司债券募集的资金不得用于买地。

与此同时，沪深交易所相继收紧房企公司债券发行，提高发债准入门槛，进行分类管理。要求原则上有资格发行公司债的主体评级必须在AA以上。对于非上市民营企业，需要在房地产业协会的综合排名位于前100名。此后还要根据规模和流动性进一步筛选。在此背景下，房地产企业的公司债审批和发行速度均有所放慢，债券的发行规模也在缩小。

大型的上市房企都还在排队，中小房企的等待更是望穿秋水，遥遥无期。

C. 走私募资管计划：限制募资用途

私募的资管计划也是近些年在严格的调控下，新兴起的非标准化的融资方式，主要是通过一些嵌套的工具募资，让原来不能投入到房地产的资金，绕道而行，间接投入到房地产中来，例如以委托贷款的形式。虽然成本相对较高，但也算是一条规避现有规章限制的可行融资通道。

然而，2017年2月，平地一声惊雷，中国基金业协会发布了《证券期货经营机构私募资产管理计划备案管理规范第4号》（以下简称4号文）的通知，严控房地产通过私募资管机构的非标融资行为。4号文的范围覆盖了北京、上海、广州、深圳等16个前期房价上涨过快的热门城市，全面暂停备案普通住宅地产项目，并对委托贷款、嵌套信托等其他工具、收益权、回购、对赌、明股实债等方式，均进行了限制。私募资产管理计划不得通过银行委托贷款、信托计划、受让资产收（受）益权等方式向房地产开发企业提供融资，用于支付土地出让价款或补充流动资金；不得直接或间接为各类机构发放首付贷等违法违规行为提供便利。

4号文的出台，引发了一大片舆论的热议，看来主管部门监管的决心加大，严控行业风险，房地产企业老板的融资再一次雪上加霜，资金快速回笼的压力进一步加大。

D. IPO上市：暂停多年

房企IPO自2010年暂停以来始终未放行，仅有个案通过借壳实现上市。这一点，估计能做的地产商少之又少，可能性微乎其微，IPO排队漫漫无期。

对于广大地产企业来讲，IPO就像是高高在上的高冷女神，可望而不可及了。

E. 上市公司谋求定增再融资：限制募资用途

可是，你以为已经上了市的公司就能够高枕无忧了么？非也。形势依然严峻。

2016年7月证监会在保荐机构专题培训会议上指出，不允许房地产企业通过再融资对流动资金进行补充，募集资金只能用于房地产建设，不能用于拿地和偿还银行贷款。2017年以来A股上市房企再融资明显收紧，定增家数和金额与去年同期相比，出现了七成以上的降幅。

即使是披荆斩棘上了A股，后续融资也不是顺风顺水，依旧是长路漫漫。

F. 房地产信托：限制募资用途，尚有业务空间

相对于前文提到的各种渠道的限制，在银行贷款之外，房地产信托目前似乎成了房企的主要融资通道，在2017年年初再次升温。

然而信托也不是那么好玩的。银监会在2016年10月21日召开的第三季度经济金融形势分析会上明确要加强房地产信托业务合规经营，同时检查信托公司是否发放用于支付土地出让价款的信托贷款，是否向房地产开发企业发放流动资金信托贷款等。银行的理财产品也被限制通过信托渠道流向房地产。

诸多限制下，房地产信托未来的形势不见明朗。

我们梳理了这些主要的政策文件之后，可以从中看出几个主要的地产融资趋势：

1）政府严格调控土地购买融资。银行贷款、银行理财、信托资金、私募资金，全部严格限制投入土地市场，限制快速大规模的土地开发扩张。

2）交易所层面的几项融资渠道，包括公司债、IPO、定增再融资都在缩紧，提高门槛，限制用途。

3）房企融资日趋分化。各类融资渠道均强调主体信用。大型房企和优秀信用主体更容易获得融资，中小房企可能面临资金断裂风险。这种形势将加速房企兼并和行业洗牌。

总之，整体来看，2017年融资的严峻形势不容小觑。

中原地产统计显示，2017年一季度全国房企包括私募债、公司债、中期票据等融资合计仅649. 5亿元，延续2016年四季度以来的低迷，同比下调幅度达83. 8%。

那么，在这种融资渠道收紧的情况下，房企就要开始寻找创新型的融资渠道。例如许多大型的信用高的房企已经纷纷发行境外债券进行融资。

1.2 融资成本高

还记得你的去年加权平均融资成本是多少么？你的毛利率又是多少呢？减去融资成本，你还剩下多少可以养活自己的公司？这些都是房企老板要面临的实际问题。

要是借钱做生意，利息要还1块钱，但自己算来算去只能赚8毛，那这生意可真的是难以为继了，就是赚1块2，也得好好掂量掂量。

能不能融到资是基础，用多少成本才能融到资，更是要思考的问题。

近年来房地产行业的高融资成本，已经成为一项大的趋势。

我们可以先来看一看大型房企近年来的融资成本（如下表1-1所示）。

表1-1 某些大型房企近些年融资成本一览表

项目＼年份	2014	2015	2016
恒大	8.5%	7.83%	7.78%
碧桂园	8.16%	6.20%	5.66%
融创	9.1%	7.6%	5.98%
华夏幸福	10.32%	9.72%	6.97%

数据来源：相关企业年报。

2014年，房企的加权融资成本普遍达到8%以上。虽然2015年到2016年上半年，整体利率环境低，市场融资放宽，融资成本有降低的趋势，但是随着新一轮密集调控政策出台，供给侧结构性改革的不断深化，未来总的融资监管一定会更加严格，信用不足的主体其融资成本会越来越高。同时，2017年下半年之前房企在2014、2015年的加杠杆都要按期还款，加大了企业的融资压力。

值得注意的是，以上数据还只是大型房企的公开融资成本，更不要提中小企业的融资成本。根据国牛投资与诸多地产企业老板的实际访谈调研，2016年中小房企融资在10%左右已经算是非常理想，而部分企业的加权平均融资成本高达15%。

如果从不同融资渠道的角度来看，银行贷款和公司债都还属于利率较低的类型。对于一些无法取得充足的银行贷款或者发行债券的公司，转而谋求信托产品或者是私募资管计划融资，其成本甚至可能高达20%。

2017年，严峻的高融资成本摆在眼前。

1.3 融资规模小

就算是融资成本高，咬咬牙也就算了，先渡过了眼前融资的十万火急难关再说。可是，关键是融到的资金量没有足够的规模，当企业存在巨大的现金流压力下，一桶水是否真的够救火呢？

以银行信贷为例，银行信贷非常重视低风险，对借款人的信用有着高要求。随着银监会《关于银行业服务实体经济的指导意见》下达，银行针对开发企业贷款，采取了提高信贷门槛、严格控制新增额度、提高贷款利率等多种方式来防范风险。而银行的信贷规模主要受到抵押率的限制。

抵押率指的是抵押贷款本金利息之和与抵押物估价之比。举个例子，一般来讲，在开发贷的情况下，用市场价值1000元的在建工程或土地资产抵押，可能只能换得500元的贷款。也就是说，抵押率不得超过50%。

而实际贷款中，涉及不同银行、不同信贷项目、不同信用主体，情况会更加复杂。综合参考指标包括项目资本金情况、开发商流动性情况、项目所在区域、开发商综合评级等。最终的抵押率可能会更低，一般都不到50%。

再来看看其他的融资方式，前文提到，在银行之外，房地产信托是另外一种主要的融资方式。房地产信托融资的抵押率同样较低，因为房地产资产的流动性较差，同时信托产品背后有隐性的刚性兑付风险，因此信托公司也要严格控制抵押率，一般来讲大约在40%。

对于中小开发商来说，一些实际的信托案例的抵押率仅有三成。手里有1000元的资产用来抵押，才换来300元的贷款，房企老板心里肯定也是一声叹息。

而如果选择发行公司债，规模也不会太大，2013年以来，A股房企发行的公司债，最高额度是16亿元，大额公司债很难通过审批。

由此可见，即使是费尽艰辛拿到了融资渠道的资格，也未必能有足够的融资规模来满足新项目开发以及旧债务还款的资金需求。房企融资通常是八方借钱，任重道远。

1.4 融资风险大

这里的融资风险，我们重点来聊聊转贷风险。

房地产的开发周期长，一般的融资渠道如银行借贷周期短，这种期限错配，往往导致房企需要“借了新钱还旧债”，在债务的转换中间，存在着潜在的巨大风险。一旦找不到下家，很容易出现资金链断裂，抵押的资产将全部归与债权方，企业面临破产的后果。

为了预防这种风险，企业随时要准备着进行下一轮融资。

单一的融资结构，不完善的财务管理制度，外部的政策环境，这些都是房企融资的风险来源，如同达摩克利斯之剑悬在企业上方，到底如何才能规避？

融资渠道少，融资成本高，融资规模小，融资风险大——跟从政府房地产调控政策而来的四座大山，压在房企老板头上。政策压顶，尚能饭否？企业位于十字路口，将何去何从？

新的融资方式与企业战略转型，成为必然的道路。

第二堂课　风起云涌，何去何从

2.1 宏观经济暗藏破局玄机

2.1.1 资产证券化是时代潮流

俗话说，解铃还需系铃人，政府为了降低房地产行业的系统性风险，在关上一扇门的情况下也打开了一扇窗：在加强监管房企传统融资渠道的同时，政府其实也发布了文件，为诸多房企老板指出了一条明路——在国务院2016年10月发布的《关于积极稳妥降低企业杠杆率的意见》中，REITs就被推到了前台："支持房地产企业通过发展房地产信托投资基金向轻资产经营模式转型。"

我们可以清楚地看到，国家在引导房地产行业从粗犷的开发扩张，向精细的运营转型，真正地通过资产管理，提升土地和不动产的价值。这其中重要的工具手段，就是REITs。

REITs，其实也是国家近年来大力推进的资产证券化工具中的一种。

想要理解REITs，我们首先来看看REITs的家族宗主：资产证券化。

资产证券化在国外已经有了成熟的市场，例如美国从20世纪60年代末开始发展资产证券化产品，到如今规模已经突破10万亿美元。而在中国，资产证券化是从2014年起开始了蓬勃发展。从2014年11月到2015年1月底，银监会、证监会、央行陆续出台关于资产证券化备案制的新规，资产证券化“备案制时代”开启，也促使我国资产证券化如同坐了火箭一样，进入快速发展通道，成为资本市场的新贵族，可以说成为真正的时代潮流。

那么，如何理解资产证券化呢？

简单来讲，就是将之前趴在企业资产负债表上的存量资产盘活，对接社会资本，变成可流通的证券，增加资产的流动性。我们都知道，会计中的恒等式是“资产=股东权益+负债”，之前我们的融资都是从等式右边出发，发行股票或者债券，而资产证券化，则是从等式左边出发的独辟蹊径。

资产证券化成为我国现在优化经济结构，供给侧改革的重要组成部分，能够提高金融市场效率，降低金融风险，具有重要的经济和社会意义。

1）完善金融市场结构

理论上来看，只要是具有稳定现金流的资产都可以进行证券化融资。这样既增加了资产的流动性，又增加了投资品种的有效供给。一项新的金融产品，加入了资本市场的大家庭。

2）利于市场主体特别是小微企业融资

上一章我们提到过，企业的融资工具篮中，银行借贷需要主体信用等级高，大多需要有银行认可的资产做抵质押，而且受期限、财务指标限制较多。而股票融资不仅审批慢，且上市资源稀缺。

但资产证券化可以通过将企业主体信用与资产信用分离，帮助主体信用不高的企业实现快速融资，因此更利于小微企业融资。

就像王子不在乎灰姑娘低微的家庭出身，只要姑娘心地善良美好，同样能收获真爱。企业资产也一样，只要咱们的资产优质，即便企业原来规模小，也不愁找不到融资。

3）融资期限、规模、资金用途灵活

从其他地方借来的资金大都是戴着镣铐跳舞，融资期限短，限制多。而资产证券化可以通过结构化技术来灵活安排融资期限和规模，因而更具适应性。如果还能有税收优惠和二级市场流动性制度安排，资产证券化还具备低成本融资优势，并且能够快速到账。

这种灵活的优雅，难道不是一种让人最喜欢的融资方式？

4）增强市场流动性，分散风险

资产证券化还可以大大改善资产的流动性。流动性反映了资产的生命力和活力，资产证券化提升了资产的流动性，也有效分散了风险，使风险流动化。这使得风险得到了更好的配置，因为不同市场主体的风险偏好度是有较大差异的。

正是因为这些资产证券化的诸多优势，随着相关制度的不断放开，法规政策的不断出台，我国资产证券化市场规模出现爆发式增长，2014年3118亿元，2015年5930.9亿元，2016年8420.51亿元，未来依然保持着高速增长的势头。如果参考美国，资产证券化产品占到金融市场20%，我国的此类市场还有非常广阔的发展空间。

虽然如此，我国国内现在的资产证券化市场，主要构成部分是银行的信贷资产证券化，以及企业信贷的证券化。那么，如果房地产企业想做资产证券化，最主要的资产是什么呢?

你想的没错，当然就是手里的房子。将企业持有的不动产资产及其产生的现金流作为基础，进行证券化，就可以发行我们所说的REITs了。①作为资产证券化的重要一员，REITs除了具备之前说过的好处，还有诸多自身的优势，吸引了众多青睐的目光。

遗憾的是，在我国，REITs还属于起步阶段，还没并没有真正意义上的REITS产品，在法律财税上也有较多障碍，距离真正的市场大发展还有很长的道路要走。但是，不可否认的是，市场需求是真实存在的。

所以，当大家还在翘首盼望时，真正的聪明人，已经提前坐上了REITs的列车。

---

① 不动产证券化分为许多种，包括REITs、CMBS、物业费、酒店收益权证券化，以及购房尾款证券化等。

2.2 境外发行REITs是种怎样的体验

上了REITs的车，又能看到什么不一样的风景呢？

我们先来看看哪些先行的企业通过境外发行REITs实现了力挽狂澜，化腐朽为神奇，或是锦上添花，成就斐然。

2.2.1 个案简析

1）凯德集团

2001年，新加坡凯德集团在发行第一支REITs产品前，刚刚完成新一轮并购，资产负债率高达92%。在高负债和现金流的压力下，凯德集团背水一战，做出了一个命运转折的决定，那就是进行轻资产转型，利用REITs，将非核心资产剥离，而核心资产找准市场周期退出。这个战略大获成效，凯德也探索出了一条独一无二的PE+REITs的配合之路。

凯德入驻中国后，在2003年将该模式在中国进行复制。目前凯德已经发行了6支REITs，其中两支包括中国物业，分别是雅诗阁REITs（公寓）和CRCT凯德零售中国REITs（零售）。在发展十余年后，凯德已经成为“地产+金融”全产业链的领头羊，其轻资产战略得到了市场的纷纷模仿，是当之无愧的佼佼者。

2）越秀集团

2005年，越秀投资现金流濒临断裂，负债率高企。在紧急时刻，通过有国企背景的母公司，向越秀注入优质资产，谋求在香港进行REITs上市。越秀在当时刚好赶上了政策法规的宽松时机，可谓天时地利。2005年成功上市后募资33亿港元，缓解了越秀的现金流压力。

越秀把握住机会重整旗鼓，事业蒸蒸日上，并不断扩张，目前旗下已经拥有7家优质物业公司，成为风生水起、国内外知名的地产信托基金。

3）运通网城

2016年，运通网城的负债率也是处于危险边缘。发起人富春控股集团在经过了谨慎的研究之后，决定将优质电商物流物业打包，在新加坡上市。这些优质物业，如果是谋求正常的银行抵押贷款，估值仅有22亿元，但是在REITs上市的情况下，实际资产的估值是按照内在价值和未来产生现金流的能力进行溢价评估，最终，这些优质资产在新加坡资本市场为发起人募资50余亿元，并迅速让运通网城的名字传播开来……不仅解决了资金压力，如今的后续运营，也是风生水起。

这些典型的案例到底是如何进行操作的？我们在后文还会进行精解。

但仅仅是简单的一瞥，我们就会发现，这些硕果累累的前人经历无不告诉我们，不破不立，求变图存。正是在黑云压顶之时，这些企业通过发行REITs，背水一战，反而找到了一条独辟蹊径的破局之道。

只要你有优质的资产，REITs就可以为你保驾护航。

2.2.2 企业境外发行REITs的好处

所以，问题来了，这也许是你最关心的事情——为何企业要选择发行REITs进行融资呢？

我们这里可以给大家仔细盘点发行REITs的八大优势，告诉你，为何选择发行REITs是一个不二法门。

1）资产溢价发行，快速获得大量现金流

一般的融资中，融资主体的信用评级都是最被看中的要点。但是成熟的标准意义上的REITs[①]可不一样，它是融资界的一股清流。发行REITs看的是其资产的评级。

事实上，资产本身的估值是比认知企业本身状态更为清晰，其未来产生现金流的能力也是可以在很大程度上预测的。从房地产资产本身的地理位置、运营状态、发展潜力等方面，都可以相对更加精准地判断资产价值。

按照法规要求，在REITs上市前，需要聘用两家独立的房地产资产评估机构，对不动产的价值进行评估。这时所使用的估值方式，与正常的例如银行抵押贷款时的计算抵押资产价值方式是大大不同的。这里使用的是资产的内在价值，与股票估值的方法类似，即把未来资产产生现金流的能力都整合在了估值结果中。因此，最后估值价值将远远大于资产在资产负债表上的账面价值，最终实现

① 我们在这里提到的都是成熟的真REITs，中国的类REITs不同，我们会在最后一章对国内类REITs的探讨中进行进一步的说明。

的PE值可以高达60倍。

以运通网城发行的REITs为例，其在银行计算的资产抵押，按照“价格=市场单位面积售价×总面积”这个公式计算，也就只有22亿元，然而成功发行REITs后，其募得的股权+债权资金合计超过50亿元人民币。而其当年度的净利润不到1亿元人民币。

这部分溢价估值既可以弥补企业的现金流压力，又可以让原有股东溢价套现退出，其带来的好处当然是不言而喻的。

2）可转移债务，降低负债率，提高ROE（净资产收益率）

之前咱们不是一直发愁欠的债怎么办么？现在解决办法来了，在REITs境外上市的过程中，可以进行银团贷款的负债转移。也就是说，可以通过在海外借债，偿还境内的原有负债。

而之前在融资方面我们提到，境外债务（美元/新币）的融资成本一般低于中国国内债务（人民币）成本，许多信用良好的大型房企都是通过海外发行债券的方式来进行筹资。而发行REITs，也是提供了一个获取海外银团贷款的渠道。

此外，我们不但可以偿还现有债务，还可以通过将发起人的房地产资产出表，来优化企业的财务报表，降低负债率，从而提高企业本身的信用能力。也就是同时提高了ROE，从而提高股东的收益率，可谓一箭多雕。

3）建立融资平台，便于后续融资，降低融资成本

之前提到，国内的政策阴晴变幻，与市场形势和调控政策关联极大，已经上市公司的定增计划再融资也是限制重重。近期，中国银监会、证监会、保监会和发展改革委都收紧或暂停了房地产行业

的融资。

但幸运的是，在新加坡发行REITs不受此影响。如果REITs在新加坡交易所上市，将具备股权再融资（每年两次定增）和以REITs为主体再次发行公司债券的能力。从而，等于为企业融资找到了源头活水，通过搭建起REITs这样一个融资平台，后续的融资得到了更大程度的保证（当然，前提是REITs的运营良好且得到投资者青睐）。

境外REITs的后续融资方式也是多种多样，既可以从银行贷款，也可以自己发行CMBS（商业化房地产抵押贷款支持证券），融资组合拳威力深厚。我们将在后文第七堂课进行详细的介绍。

4）有利于企业的轻资产战略转型

轻资产战略这个词应该不陌生了，万科、凯德、万达的各位大佬，都在各种公开场合提到，都在说自家公司要向轻资产转型。

那么，什么是轻资产战略呢？

传统的房地产开发是重资产的，商业模式基本是用大量的资金投入，持有资产一定周期后售出，资金回流。重资产的风险就来源于对资金的大量需求，以及期限错配，导致大量的资金被沉淀在既有的资产中。这种开发模式在目前的行业趋势下开始变得越来越艰难。

而轻资产与重资产最大的不同，就是企业并不需要投入大量的自有资金，就可以实现丰厚的回报。

想要实现轻资产战略，可以有很多种不同的路径。例如，美国的“铁狮门”就是利用大量杠杆和自己的资产管理能力实现了轻资产，撬动大量资金。又如万科在前些年探索的“小股操盘”模式。再如就是以凯德为代表的，赫赫有名的“REITs”。

那么，REITs作为一项利器，是如何帮助企业进行轻资产转型的呢？

我们可以来关注一下发起人在发行REITs前后的角色发生了哪些变化。

发起人从原始的物业的持有人，摇身一变，成为了物业的管理人、REITs的管理人和REITs份额持有人，从单一身份，变成了多重身份。发起人将自有物业资产出售至REIT，将可募集大量现金以投入新的其他项目，而不是沉淀在存量资产中。从而实现了从“重资产”持有者，到“轻资产”运营者这样一种战略转型。在身份转变的同时，盈利模式也发生了相应的变化，与原有的单一物业租金收入相比，还多出了物业管理收入以及基金管理收入。

战略问题也是企业未来必须重点考虑的方向。一般的融资只是“术”，而战略则是企业的“道”，道为根本，术为支撑。我们应当认清的是，REITs绝不是从前那样的债权融资，而是一条战略转型的“大道”。

5）保留对企业的控制权

发起人可能会担心，发行REITs之后，我还能保留对物业的控制权么？一方面，物业的原始权益人可以通过持有REITs份额的方式，成为REITs的大股东，来保留对物业资产的控制权。另一方面，发起人可以通过让自己成为REITs管理人的关联方的形式，对REITs的资产组合实现间接管理。

所以，别担心自己心仪的物业，还是可以拥有自己的话语权，请在将物业变得更好的道路上大步向前吧！

6）拓宽收入来源

重要的事情说三遍，企业的核心当然是盈利、盈利、再盈利。发行REITs之前，发起人的收入来源于物业的租金，而发行REITs之后，除了相应份额REITs应得的物业租金外，发起人还可以通过关联公司的设计，获得不菲的物业管理费和REITs基金管理费，投入同样资本的情况下，扩大了自己的收入来源，当然是极好的。

7）协助进行海外布局

全球化的经济背景下，对于中国境内发起人来说，在新加坡交易所REITs上市，可以将国内房地产资产重组为境外企业持有的资产。与此同时，REITs的资产包可以进行灵活的持续拓展。有了REITs这样一个境外主体，可以用来收购境外的优质资产，无疑是协助企业进行后续的海外布局，打开了一个广阔的天地。对于企业的长远发展来看，这迈出了重要的一步。

8）提高声誉

上市无疑是一种扩大企业影响力的最有效的方式。在新加坡、中国香港这类国际性的资本市场上市，可以获得广泛的全球投资者的关注。如果自身有过硬的优质资产，能够获得投资者的青睐，一旦打出品牌，未来的市场机会可谓十分广阔，在市场上的地位也会有所提升，可谓是一个大大的附加值。

八大优势，一个对策，迎接REITs，你准备好了么？

第三堂课　漫谈REITs

3.1 REITs到底是个什么鬼

3.1.1 定义与特点

REITs到底是什么?

REITs这个词在近些年突然火了起来，你可能在方方面面、大街小巷都听到过它的名字。

媒体在提REITs，房地产企业在提REITs，基金经理在提REITs，投资者们在提REITs，政府机构也在提REITs。被这么多人时时关注的REITs，被冠以革命性、颠覆性的商业模式之名的REITs，被视为房地产金融未来趋势的鼎鼎大名的REITs，到底是什么?

你已经对REITs有了大致的了解，知道它是一种房地产与金融结合的创新金融工具。

你也已经知道，REITs对于投资者来说，如同磁石一般，具有莫大的吸引力，可以让人以低门槛的方式，分享房地产行业的增长。

你甚至已经被无数次普及这样的认知：REITs为房地产商提供了一种高效的低成本的融资方式。

那么，在这些众多赞誉加冕背后的REITs，到底是何方神圣？它和其他的融资方式相比，又有哪些无可比拟的优势呢？

现在就让我们来为你一点一点揭开REITs的神秘面纱。

REITs，是房地产投资信托基金①的英文缩写，可以界定为采取信托或其他组织形式，汇集特定多数投资者的资金，由专门投资机构进行与房地产相关的资产的投资经营管理，并将投资收益的90%以上按比例分配给投资者的一种集合投资计划 。

简单通俗地说，就是通过某种组织形式，大家把钱都汇聚到一起，交给懂房地产的专业人士打理，通过投资与房地产相关的资产得到收益。

这里的收益来源很多，可以是房地产的租金，可以是房地产的增值出售，可以是房地产相关证券的收益等。最后赚的钱，再分配给投资者们（如下图3-1所示）。

那么一个真正意义上的合格REITs，需要有哪些特点呢？

REITs如此千般好，就像一句当红广告语所说，“不是所有的牛奶都叫特仑苏”。也不是所有的房地产投资都能称作REITs。

想成为一个合格的REITs也是有门槛的。不同国家都有相关的专项法规来对REITs需要满足的条件，以及REITs享受的政策进行

① 房地产投资信托基金，英文全称为Real Estate Investment Trusts，简称REITs。

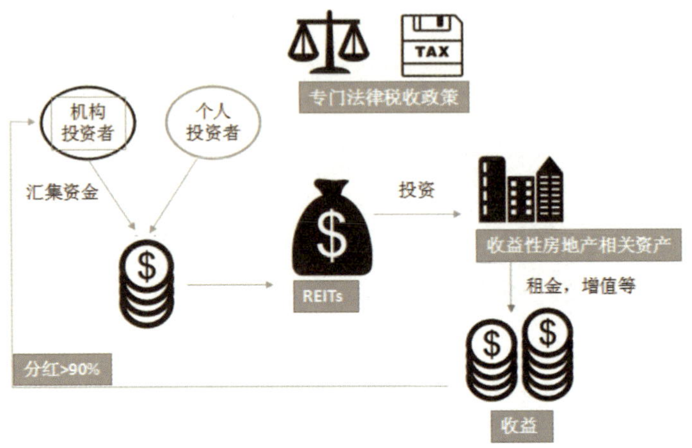

图3-1 REITs收益来源多样化示意图

规范，虽然一些细微条件上有所不同，但是也具备一些全球公认的特点。

所以，擦亮眼睛，以下的一些依据，可以作为你独家判断REITs的放大镜。那就让我们来仔细观察一下REITs的特点吧。

1）REITs是一种集合投资计划产品

集合投资计划是利益共享，风险共担。REITs的募集资金来源主要是公众和机构投资者。仅面向大规模投资的机构投资者的REITs，称为私募型REITs。而可以进行广泛的公众融资的 REITs产品，我们将其称为公募型REITs。

2）REITs收购并持有能产生收益的房地产相关资产

REITs持有的具体物业类型很多。这些物业类型包括酒店、写字楼、购物中心、仓储物流、公寓、医疗健康设施等，也可以是以上类型的综合。但它们都有一个共同的特征，那就是：这些房地产是成熟的物业，可以产生持续的现金流收益。

稳定的来自物业资产的现金流是发行REITs的基础。同时这也是为什么我们说，REITs融资是企业“轻资产”转型的助力，是未来房地产行业融资的大趋势。

众所周知，目前中国房地产行业已经全面进入“白银时代”，曾经的开荒拓地就能躺着赚钱的模式已经不复存在。未来的房企竞争力在于精细化的运营，让地产本身产生价值。通过发行REITs的方式，房企老板不再将大规模的资金沉淀在既有物业中，而是盘活资产，本质上是创造了资产的流动性，从而可以专心利用自己的经验优势，从房地产经营中获益。从这一角度来看，REITs也是一种创新的、具有诸多优势的企业融资手段。也可以说，推动REITs，也是在引导房地产业向稳健运营转型。

3）REITs净收入的90%以上都分配给REITs份额的持有人

这一点是REITs的重要特征，也是其获得投资人青睐的重要原因之一。发行REITs的主体企业，也即原有物业持有人，往往也是REITs份额的持有人，从而保证了对资产的掌控，并能够分享到资产的收益。

4）REITs享有税收优惠

不同国家有不同的税收政策。以新加坡REITs为例，其税收政策之一是新加坡REITs用于分红部分的收益免收所得税。除此之外还有很多税收优惠政策，使得REITs成为资本市场的宠儿。

拥有了以上这些判断武器，下次如果你再碰见一款声称是REITs的产品，你就可以理直气壮地进行判断——它到底是一个合格的REITs产品，还是打着所谓“李逵”旗号的“李鬼”？

目前中国市面上，还没有一个公认的成熟意义上的REITs产品出现。这也是为什么我们称目前中国市场上的REITs为“类REITs”，因为其或多或少都不完全符合公认的REITs标准，当然在某些方面，也就欠缺合格REITs产品的一些优势。

3.1.2 REITs的分类

哪种类型的REITs适合企业融资？

好了，现在你知道REITs是什么了，其实REITs也是一个庞大的家族，一根主干上生长出交错的不同分支。事实上，不同目的、不同资格、不同战略规划的主体，在发行REITs时，选择的类型也有相应的不同考虑。

下面我们就来梳理一下REITs到底有哪些细分领域，并从中一一排查，找到最适合企业进行融资的REITs类型。

REITs的分类有很多种，可以按照组织形式、投资方式、运作方式、募资对象进行分类（如下图3–2所示）。

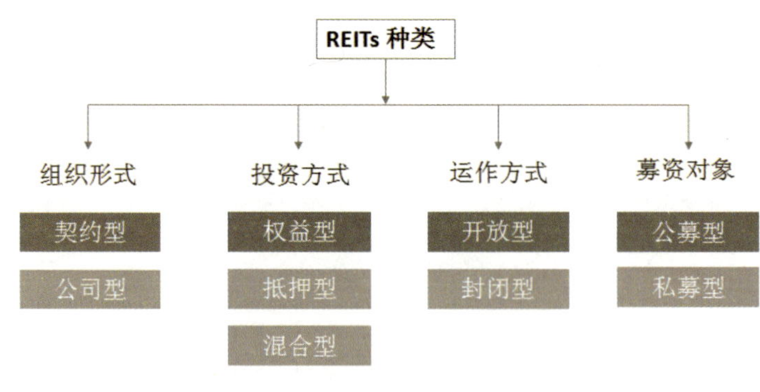

图3–2 REITs的经营种类

1）亚洲市场还是以“契约型REITs”为王，灵活方便

按照组织形式，可以分为契约型（也称信托型）REITs和公司型REITs。

我们可以看到，两者的主要区别，在于设立的法律依据与运营方式不同（如表3-1所示）。

表3-1 信托契约型与公司型REITs的区别

类别 内容	信托契约型REITs	公司型REITs
组织形式	以信托契约成立为依据，通过发行受益凭证筹集资金而投资于房地产资产	以《公司法》为依据，将通过发行 REITs 股份所筹集的资金用于投资房地产资产
法人资格	非独立法人，是一种资产计划。由基金管理人打理	独立的法人资格，自主进行基金的运作。REITs 股份持有人为公司股东

契约型REITs，顾名思义，建立在信托契约关系之上。本身并不是独立的实体，而是由基金管理人打理的一种资产计划。而公司型REITs，则是以《公司法》为依据，成立一个独立的法人主体，自主进行运作。REITs的份额持有人也就是公司的股东。

两种方式并没有孰优孰劣之分。但是整体来讲，契约型 REITs 因为没有法人主体，手续更加简单， 比公司型 REITs 相对更具灵活性。

在不同的地点，也有不同的习惯性操作方式。公司型 REITs 在美国占主导地位，而在英国、日本、新加坡等地，契约型 REITs

则较为普遍。

考虑到亚洲市场的操作习惯，我们更适合选择设立信托契约型REITs。

2）权益型REITs是“正统嫡出，占据江山”，持有房地产产权

按照投资收益来源的不同方式，可以将REITs分为权益型、抵押型和混合型三种。权益型REITs的主要收益源于稳定的房地产经营所产生的现金流，以及房地产资产处置的收益。抵押型则大多投资于房地产抵押支持证券。混合型是兼具上述两者的业务（如表3-2所示）。

表3-2 权益型、抵押型和混合型REITs的比较

权益型REITs	投资于能够产生稳定现金流的房地产，从事房地产经营活动，如租赁和客户服务。以标的不动产的租金收入和增值收益为主要收入来源
抵押型REITs	主要投资房地产抵押贷款或房地产抵押支持证券，收益主要源于房地产贷款利息
混合型REITs	兼具权益型和抵押型的业务

全球市场上流通的 REITs 中绝大多数为权益型。以美国为例，截至2017年3月，另外两种类型的 REITs 合计占比不到6%。一般而言，权益型 REITs的长期投资回报较好，流动性更大，因此更受到资本市场的青睐。从企业融资角度发行的REITs，也属于权益型，因为企业是原有物业的持有人，往往是

以物业资产为基础发行REITs，即物业资产才是未来源源不断“生金蛋的鸡”。

这里，我们可以仅把抵押型REITs和混合型REITs当成小众产品，权益性REITs才是所谓的“正统嫡出，占据江山”。

3）“开放型REITs”才是融资的“活水之源”，一次发行，十次不愁

从一级市场角度看，REITs可以是开放型也可以是封闭型。封闭型的REITs只能在二级市场流通（如表3-3所示）。

表3-3 封闭型与开放型REITs的比较

封闭型REITs	发行量在发行之初被限制，不得任意追加发行新增的股份。一般在证券交易所上市流通，投资者不想持有时，可在二级市场上转让卖出
开放型REITs	随时可以为了增加资金投资于新的不动产而追加发行新的股份，投资者可以随时买入，不愿持有时，也可随时赎回

但是从企业融资角度来看，如果相中了新的物业，我们肯定更希望能够“攻城略地”买下来进行拓展，那钱来自于哪儿呢？显然我们搭建REITs不是为了一次性的融资，而是想要一个平台，为我们提供资金的“源头活水”。开放型REITs的一大优势就在于每年的增发机会。只要你的表现足够好，赢得了投资者的青睐，那么你的资金来源就不用发愁了。

4）“公募REITs”带你飞向更广阔的平台，获取充足的资金

我们谈论的REITs上市，指的就是公开发行份额，将REITs面

向公众出售，成为公募型REITs。从二级市场角度来看，REITs可以选择上市，也可以选择不上市。一般语境下，我们说的REITs就是指公募REITs。私募REITs极少（如表3-4所示）。

表3-4 公募型与私募型REITs的比较

公募型REITs	以公开发行的方式向社会公众投资者募集信托资金，发行时需要经过监管机构严格的审批。可以进行大量宣传，受到更严格的法律监管
私募型REITs	以非公开方式向特定投资者募集资金，募集对象特定，主要面向资金规模较大的投资者。不允许公开宣传，一般不上市交易

对于融资者来说，发行上市的公募REITs有很多优势。上市有利于获得更广泛的流动性，更广阔的融资平台，以及成本相对较低的充裕资金，享受更多税收福利。当然，欲戴王冠，必承其重。上市REITs受到更多的监管，有更多信息公开的披露要求，这也是为了保护公众投资人利益的必要之举。

总之，最适合地产企业在亚洲市场融资的REITs类型为：

契约制+权益型+开放型+公募型

总结而言，信托契约型REITs为亚洲市场的主流形式；权益型REITs收入来源主要为运营不动产的租金以及不动产增值收益；开放型REITs允许增发，搭建平台，源源不断融资；公募型REITs有更广阔的融资对象与充裕资金，这些是与企业融资需求最匹配的

REITs类型。

所以经过了千挑万选之后，我们确定了这种“最适合企业融资”的REITs类型，接下去，我们就要全面关注这类REITs的操作情况。

3.2 REITs背后有哪些服务机构

3.2.1 运作模式

万里长征第一步，我们先来了解一下契约型REITs是如何组建队伍，设立运作的。

契约型REITs的一般简化运作模式可以用以下一张图概括。

我们可以看到，REITs位于运作结构的核心。一边对接REITs的管理人，一边对接REITs的托管方。REITs的设立方式是REITs管理人与托管人（也称受托人）共同签订信托契约，向信托单位持有人发行收益凭证。其中，REITs管理人负责REITs的运营管理；托管人作为REITs资产的名义持有人负责保管基金资产。

REITs这个篮子设立好了，可还是一个空篮子，下一步就该往篮子里面装资产了。这些资产包括一系列收益型的物业组合①。这些物业是从房地产物业的原始持有人处（也称为REITs的发起人、保荐人），通过收购重组取得的。

值得注意的是，REITs虽然是物业的所有人，却不是物业的管理人。术业有专攻，我们会有一个专门的物业公司，来管理经营物业项目。

这样，我们就得到了一个清晰的REITs架构图（如图3-3所示）。

---

① 持有方式可以是直接持有，也可以是通过持有项目公司的股权而间接持有。

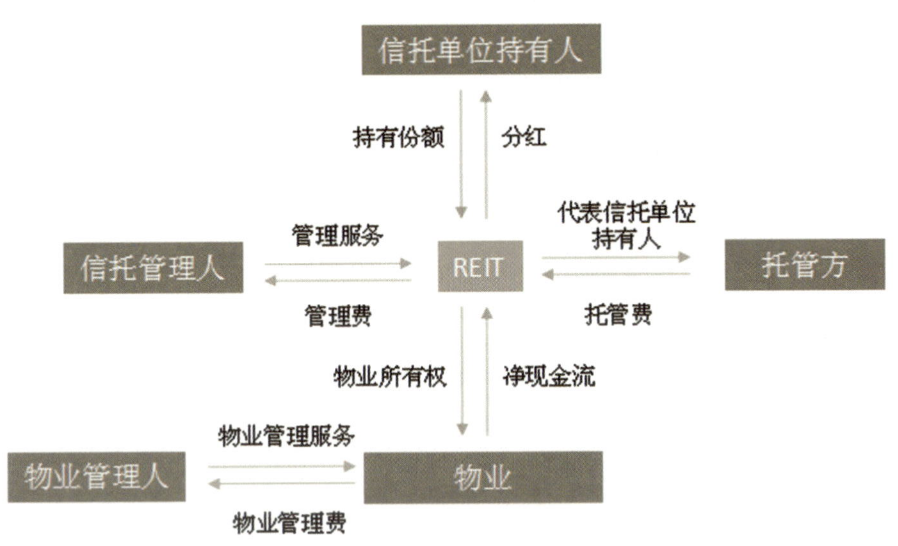

图3-3 REITs架构示意图

在这样的结构中，我们最关心的是，钱是如何流动的呢？

让我们仔细观察图中箭头所示的资金流向。

首先让我们来看流向REITs的资金。物业资产组合的营业收入减去物业支出（包括物业管理费、物业维修费等），并扣减税收、利息支出等其他运营房地产资产相关费用后，得到净物业收入（NPI）[①]。如果REITs直接持有物业，则直接获得该收入。如果REITs通过控股其他公司间接持有物业，NPI将以分红的形式分配至REITs。总之，REITs的收入可以理解为来自于物业的运营净收入。物业的经营好坏，直接关系到REITs的收入。

当然，REITs在获得收入的基础上，其本身的运营，也需要一部分支出。其中最主要的费用，是支付给REITs管理人的管理费，以及支付给受托人的托管费，还有其他运营成本。REITs的收入，减去REITs的支出，就得到了“可分配收入”[②]（如下图3–4所示）。

在这里值得注意的是，可分配收入是一个对于REITs来讲至关重要的基础概念，指的是REITs收益中可以用来分配给REITs份额持有人的部分。这也是“金主们”看你的REITs财报时最为关心的部分之一。REITs的可分配收入，可以简单类比，理解为公司的净利润。评价REITs表现的各类指标，也往往与可分配收入挂钩，例如每基金单位的可分配收入[③]。

---

① 净物业收入，英文全称为Net Property Income，简称NPI。

② 英文全称为Distributable income。实际计算可分配收入时，在会计上要经过比较复杂的调整处理，这里不再赘述。

③ DPU，英文全称为Distribution per unit。

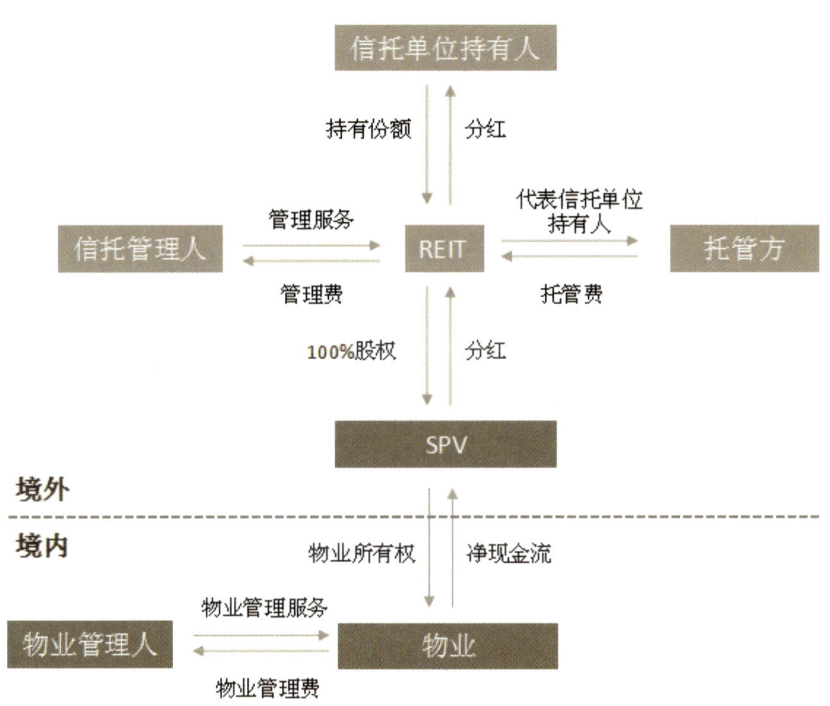

图3-4 REITs的运营收益架构图

别忘了我们之前讲过，这些可分配收入可不会留在REITs里。可分配收入的90%以上都将以分红的方式发放给信托单位持有人。初始设立的REITs，为了赢得投资者芳心，很多都会拿出前两年100%派息的甜蜜攻势来吸引投资者。

“哦，原来REITs这么简单就可以组建了！我已经了解了！”

等等，你可千万别这么想，实际上，在涉及跨境的资产重组业务时，REITs的结构比上文所示的基础结构要复杂得多。实际项目中，为了满足相关的法律法规，以及税收筹划而进行的操作方式有许多，这可都是省钱妙招。例如，最常用的一种是设立特殊目的投资工具[①]，顾名思义，特殊目的到底是什么呢？我们在后文第六堂课再为你揭晓。

在这种组织架构中，REITs通过持有SPV股权，间接持有物业资产。我们称一系列REITs为持有资产进行的公司架构设置为“集团”（Group）。当我们阅读REITs的财务报表时，我们可能会单独看到“集团”的财务报表，指的就是REITs旗下一系列子公司的集合。

3.2.2 REITs参与方的角色与职责

一个好的REITs产品，离不开优秀的各方参与。从上节中的组织架构图中，可以看出REITs整体涉及的参与主体非常多元，各方都有自己的权利与职责。他们就像REITs军团背后的将士，只有戮力同心，拧成一股绳，同时相互监督制衡，才能保证REITs的平稳

---

① 特殊目的投资工具，英文全称Special Purpose Vehicle，简称SPV。

运营与收益最大化，在竞争中所向披靡。

从上一节的组织结构图中，我们也有了简要的了解，即REITs涉及的参与方主要包括五类，他们分别是发起人、信托单位持有人、信托基金管理人、受托人、物业管理人。下面我们来详细介绍REITs中他们各自扮演的角色，看完你就知道，作为需要融资的企业，你的位置到底在何方。

1）发起人

发起人，就是房地产物业的原始持有人，也可以理解为需要通过发行REITs进行融资的企业。没错，你就是这里的主角。发起人在整个上市前的资产重组准备中起到核心的作用，主要就是将资产转移到REITs旗下，自己则华丽转身，溢价套现退出。当然，大多数发起人是要在上市后，依然保留对物业的控制权的，毕竟自己的孩子还是自己最懂，也不愿意完全抛下。这时候，发起人就可以通过认购REITs的份额，身份转变为信托单位持有人。

2）信托单位持有人

信托单位持有人，类比来看，就像是股东一样，是REITs的所有者。信托单位持有人的官方配置是受益凭证，有了这份凭证，就可以大大方方地领取REITs的收益了。REITs的设立，本质上就是为信托单位持有人的利益服务。

持有人也分为不同的类型。可以包括发起人、基石投资者与公众投资者（机构投资者与个人投资者）。

刚刚提到，发起人可以继续持有REITs的份额，成为信托单位持有者。发起人持有的REITs份额没有固定的限制，取决于发起人自身战略，以及市场上对REITs的信心。作为发起人持有更多的REITs份额，其实也是符合常理的。首先，发起人可以继续享有物业带来的收益。其次，保证发起人对物业仍然有一定的控制权，可以决定REITs的经营走向，以及物业的投资处置方式。最后，将发起人与其他信托单位持有人利益捆绑在一起，有助于彰显发起人对物业的信心，从而稳定市场信心，并继续激励发起人对REIT进行全力经营。可以说，发起人持有REITs份额的利益捆绑，既是督促，也是胡萝卜激励。

温馨提示：以新加坡为例，一般境内资产在境外上市时，发起人会持有30%～35%的REITs份额。当然了，不同公司的战略不同，也有发起人在REITs上市后完全退出。这一点要结合公司的发展阶段具体谋划。

基石投资者，基础也。其名称不言而喻，就体现了其重要性。基石投资者在这里的作用与企业IPO所扮演的角色类似，指的是在REITs上市前为稳定市场信心，保证成功上市，而提前确定购买REITs份额的投资者，一般为大型的银行、保险，以及私募基金等。基石投资者在REITs上市前敲定认购份额，可能要承担一部分上市不成功的风险，因此可以在认购价上获得一定的折扣优惠。

当然，基石投资者并不是必需品。如果你对自己的物业资产足够有信心，认为市场对你的产品有足够了解，那么也可以不选择基石投资者，而直接在公开市场发售，有些资本雄厚的企业也确实是这样做的。不过一般投行都会出于保证上市成功的谨慎考虑，建议引入基石投资者参与其中。

公众投资者则分为机构投资者与个人投资者，是在REITs公开发行期间认购REITs的份额，在这个过程中不再有优惠。

温馨提示：由于投资机构者对投资组合的要求，一般都会有一定比例的REITs认购额度，所以只要房地产物业够诱惑，就不用担心身在闺房嫁不出。

3）信托基金管理人

信托基金管理人在REITs的运营中起到了核心作用，可以说是REITs的总指挥。其主要职责包括为REITs提供日常事务管理服务，包括资产与负债的打理。同时制定REITs的战略，作出投资决策，进行REITs的资产收购、处置、翻新增值等。优秀的管理人有丰富的管理经验，会让REITs产品大大加分。管理人日夜操劳，当然要有报酬，可以从REITs中收到一笔不菲的收入。

作为发起人，当然不愿意把自己养大的孩子交给陌生人。没关系，已经有一条前人探索好的路径给你：信托基金管理人，一般由发起人或者是发起人的关联方发起设立。

这样管理费可以成为发起人的一部分收益来源。这实际上大大拓宽了发起人的收入来源。这样看来，你选择发行REITs的理由是不是又多了一条呢？

当然，管理人也不是说当就能当的，披荆斩棘、符合资格，才能戴上桂冠。各国对于信托基金管理人也有相关不同的资质规定。一般要求具有一定年限的专业经验，并获得监管机构颁发的牌照。如何在最短的时间内建立一个符合资质的管理人主体，就是上市前要面临的挑战之一了。

温馨提示：以新加坡为例，REITs管理人需要在新加坡有注册办公室，至少有100万新币的基础资本，在标的不动产投资领域有5年以上经验，相关高管和雇员的新加坡居民身份以及工作经验年限都有特殊的限制。具体规定参见本书附录一《新加坡REITs经理人守则》。

4）受托人

受托人代表的是信托单位持有人的利益。受托人与管理人之间，就像是权力的监督与制衡关系，避免制度性所引发的道德风险，比如REITs的管理人“以公谋私”。因此，受托人需要是独立于信托管理人的第三方，受托保管REITs名下的物业资产。

受托人与信托基金管理人共同签订信托契约。受托人需要按照信托契约的规定，对信托基金管理人进行监督。在部分针对REITs的重大决策方面，管理人需要通过受托人的监督程序。同时受托人要保证REITs资金的安全。

温馨提示：关于重大决策的定义，各国有不同的规定。以新加坡为例，组成房地产基金收入5%以上的合同，或者是不计入不动产基金日常运营行为的合同被称为实质性合同。受托人必须监管此类实质性合同的合法有效性与约束力。

一般来说，受托人由银行或有相关托管资质的机构担任。

5）物业管理方

物业管理方是直接运营管理物业的公司，是服务的提供方。物业管理方一般会与物业的持有方签订物业管理合同，负责经营物业，获取租金以及其他各项收入。

别小瞧物业管理人的角色，他就像是一部发动机，REITs能不能增长，物业能不能保持高的出租率和租金，能不能带来稳定的收益，都要看物业管理人的本事。基础决定上层，优秀的REITs一定拥有非常顶尖的物业管理方，为其运营房地产资产。为此，REITs需要支付相应的物业管理费。

那么问题又来了，谁最合适进行物业的运营呢？当然是原有的发起方（如果你之前是自己在运营物业的话），因为发起方最了解自己的物业特点，了解当地的市场，能够更有效地进行资产增值的策略，“经验及金钱”，这点总是没有错的。

因此，物业管理方一般也由发起人设立，为发起人的关联方。这也成为发起人的重要收益来源之一。

所以，这一整套REITs的运作模式你是不是已经清楚了呢？我们可以清晰地看到，发起人在整个模式上，实现了企业战略的转型，以及身份角色的转变。从原来的“重资产”持有者，到现在的

"轻资产"运营者，收入来源也大大拓宽，除了物业收益之外，还包括REITs管理费和物业管理费，用很小的投入，撬动了很大的杠杆，怎么看都是一笔赚钱的买卖。

正是在这样的多方配合下，REITs才成为一类优质的金融产品，既为投资者提供稳定的现金流，又为融资者提供了盘活资产的渠道。两全齐美，何乐而不为呢？（上述内容参见下表3-5所示）

表3-5 REITs参与各方角色总结表

参与方	角色定位
发起人	1）房地产物业的原始持有人（Sponsor） 2）在REITs成功上市后退出或变为信托单位持有人
信托单位持有人	1）REITs的投资者。包括发起人、基石投资者、公众投资者（机构、个人） 2）从境内物业在境外上市的经验来看，房地产物业的原始持有人（发起人）一般会持有REITs30%至35%的份额
信托基金管理人	1）为REITs提供日常事务管理服务，一般由发起人设立 2）为了基金单位持有者的利益，管理房地产投资信托基金的资产和负债 3）为房地产投资信托基金制定战略方向，根据投资战略进行收购、处置资产以及使资产增值
受托人（托管方）	1）独立于信托管理人，受托保管REITs名下的物业资产（custodian） 2）按信托契约的规定，监督信托管理人 3）信托管理人对于REITs的重大决策需要通过受托人监督程序（在后文具体法律法规中会进行更详尽解释）
物业管理人	为REITs名下物业提供物业管理服务，一般由发起人设立

3.3 REITs为何百里挑一

你可能要说，我的融资渠道有很多种，只看REITs大概还看不出它的好，只有对比之下，才能看出它的优势。那就让我们来进行一次华山论剑，看看我们的REITs独家门派，与其他融资方式相比，到底有哪些独门绝技，而赢得众口一辞、百里挑一的称号。

我们本次派出与REITs单挑的选手，可都是融资渠道中的资深“干将”，包括债权融资、首次公开上市募股①、国内类REITs融资、境外商业信托②等融资方式。

下面逐一将REITs与以上方式进行对比。

3.3.1 REITsVS债权融资

债权融资，作为一种最简单的，第一个映进人脑海里的融资方式，顾名思义就是借钱。不论是通过向银行贷款，还是通过发行企业债券的方式，本质上都是借外债进行融资。

首先，债权融资最大的特点，就是要还本付息。俗语说得好，“有借就有还”“欠的债总是要还的”。而一旦企业的经营出现一些波动，或是外在的市场变化，你就要时时刻刻盯紧，避免“欠款

---

① 首次公开上市募股，英文全称Initial Public Offering，简称 IPO。

② 商业信托，英文全称BusinessTrust，简称BT。

违约”的风险。同时，一旦不小心出现违约情况，就可能陷入恶性循环，导致企业的未来融资将会更加艰难。不用还钱的买卖有么？REITs就是其中之一，融资不需要还本付息，只要分红即可。

其次，债权融资大多需要资产抵押。这一部分抵押资产的估值方式是按照市价进行的。举个简单的例子，一家商业地产公司，用其持有的商业物业作为抵押，一共20万平方米，每平米售价3000元，那么估值就是6亿元。这直接决定了企业的融资额度一般在资产估值的50%～60%，中小型企业可能更加艰难。

而REITs融资时，运用的是内在价值判断的估值方法。这就像是姑娘找对象，看的不是你现在赚多少钱，而是以后有没有赚大钱的发展潜力，今日的穷学生可能是未来的马云。REITs的估值就是这样，也类似股票估值，会考虑到资产可能产生的未来价值，通过现金流折现或者资本化率法等专业的估值方法（实质上资产的估值更高），可能高达普通债权融资估值的三倍。我们看的就是这样的内在价值，这样就轻松达到了溢价融资的目的。

另外，通过发行REITs，实质上建立起了一个融资平台，每年有两次定增扩张的机会，如同源头活水，给企业的后续融资提供了更多的机会，而不是还了今天的债又要发愁明天去哪里借债。

以上这些都与股权融资有相似之处。当然，作为企业而言，最关心的事情是融资成本。REITs发行可以进行债务转移。REITs设立后，其本身也可以进行债权融资。也许对于信用好的大型房企，能够得到银行的垂青，以较低的成本进行融资，然而，随着国内银根缩紧，中小型房地产企业的日子越来越不好过。这时候REITs的优势非常明显，银团针对REITs的贷款利率，要显著低于以企业身份进行融资的利率。看看2016年上市的运通网城给我们开出的成绩单就知道了（如下表3-6所示）：

表3-6 REITs与债权融资的对比

类别 项目	REITs	债权融资
时间限制	永续融资，只需分红，无需还本付息	面临还本付息压力
融资额度	可以高溢价融资	融资额度受限
可持续性	建立融资平台，每年两次定增	不可持续
融资成本	中小企业发行REITs后，从REITs角度进行银行贷款的成本显著降低	只有大型企业才能以较低利率融资 中小企业融资利率高

以2016年7月在新加坡上市的运通网城REIT为例，其旗下的资产在银行进行的估值大约为22亿元，但是通过REITs上市估值达到63亿元，发起人可以通过高溢价进行套现。根据国牛投资团队的研究结果，2016年房企获取国内银行贷款的年利率在6.04%～15%区间浮动。以华夏幸福为例，2014—2016年综合融资成本分别约为10.3%、9.7%和7%，而中小企业的银行贷款利率会更高。对比而言，运通网城REITs的银团融资成本约为境内6.1%、境外4.8%。因此，融资成本方面有不可比拟的优势。对于难以从银行取得低利率贷款的中小企业来说，发行REITs的方式尤其有利。

所以，REITsPK债权融资，你看谁更胜一筹？

此外值得注意的是，即使是大型房企，也开始纷纷进行REITs布局，因为这是一种优化融资结构，分散风险的创新方式，比如绿地集团。大佬们都纷纷上马，我们还不趁着转型期一马当先？

3.3.2 REITs VS IPO

IPO肯定是我们已经耳熟能详的词，仿佛成了人生赢家的代名词。IPO指的是企业首次公开发行股票上市，是股权融资的一种。其实，成功发行REITs也应该偷着乐，这是为什么呢？

首先，REITs与IPO在某些方面具有一定相似性，例如无需还本付息，利用内在价值估值，获得可持续性的融资平台等。当然，在具体细节上，两者各有特点。IPO针对的是企业股权所进行的融资，公开发行股票。而REITs，则是针对优质资产打包，以信托形式通过发行信托基金单位而进行的上市融资。

更重要的是，对于有优质资产的企业，单独剥离资产进行上市可以获得更高的溢价。相比于整体公司股权估值的不确定性，物业资产的收益更加明确。因此优质资产可以得到更高的估值。原来是“养在深闺人未识”，现在则是“一朝艳名震都城”。

此外，股权上市还意味着让出公司一部分的控制权，这对于公司原有股东来讲，是不情愿的。REITs的资产上市则完全不同，只是在特定资产层面的控制权减弱，但是公司整体不受影响，这当然保护了公司股东的利益。

另外从股东角度来说，还有一个最重要的收益，那就是发行

REITs之后，原股东可以直接高额溢价套现。而IPO之后，股东无法直接套现，仍是继续持有股权。

当然，虽然REITs有诸多好处，其相对于IPO也有更多的限制条件。例如REITs的投资范围只能是房地产及其相关资产，而企业的经营范围可以多元化。同时企业不受派息比例90%、杠杆率小于45%等诸多限制。此外，两者的监管法律法规也有差异（如下表3–7所示）。

表3–7 REITs与IPO优势比较

REITs优势	IPO优势
•享有税收优惠 •优质资产可能获得更高的合理估值 •股东套现更加灵活	•经营范围多元，限制小 •没有强制性分红限制 •没有杠杆比例限制

总体来看，REITs与IPO的PK大战，两者各有千秋。

因此，适合自己的，才是最好的。

下面试举一个实际案例：

凯德集团作为新加坡最早探索REITs的集团，同时采用了发行股票IPO上市与REITs的方式，但两者的战略意义是不同的。凯德集团于2000年上市，是为公司整体业务进行持续性募资。凯德集团的整体业务覆盖了从地产开发到物业运营管理，到资产管理与资本运作的“地产+金融”全产业链。而凯德目前共发起有6支公募REITs，这是凯德地产金融战略的一部分，以公募REITs上市作为自己之前投资物业的退出渠道，每一支REITs都有特定类型的投资资产标的。目前凯德集团市值约156亿新币，而其发起的针对中国零售物业的CRCTREIT市值13亿新币。凯德集团截至2017年4月的股息分派收益率为2.72%，而CRCTREIT的分派收益率为6.7%。从以上介绍中可看出REITs与IPO两者在融资对象、战略意义与分红政策上的差异。

3.3.3 REITs与类REITs

类REITs产品实际上是一种国内的类似产品的代称。

我国REITs的发展也经历了无数波折起伏。2017年伊始，终于有拨云见日的希望，然而距离真正的成熟还有很长的路要走。

2005年，商务部提出了开放REITs融资渠道建议；2009年，央行联合银监会、证监会等11个部门成立“REITs试点管理协调小组”。2014年，央行发布《中国银行业监督管理委员会关于进一步做好住房金融服务工作的通知》，提出积极稳妥开展REITs试点工作。2014年5月，国内首支权益型REITs产品“中信启航专项资产管理计划”获得批准。2015年10月，鹏华前海万科REITs作为首支公募REITs产品，于深交所上市。

尽管目前中国国内已经出现以资产支持专项计划和公私募基金为载体的“类REITs”，但是这些“类REITs”在期限和流动性、投资门槛、资产增减难度，尤其是税收方面，较成熟REITs产品仍然有一定距离。

由于这些原因，类REITs的风险一般都高于成熟的REITs产品。同时，对于发起人来说，融资成本也并不低。毕竟中国刚刚开始发展房地产金融的二级市场，不成熟与相配套的法律税收改革都需要时间去培育。

下表3-8对比了中国目前的类REITs产品的种类以及与成熟REITs产品的差距。

表3-8 新加坡REITs与和中国“类REITs”比较

项目＼类别	新加坡REITs	中国“类REITs”
定义	股权性质的房地产资产证券化产品	尚未达到成熟REITs标准的、与不动产相关的证券投资计划的统称。1）主要包括股权类/债权股权混合类型的资产支持专项计划产品。2）严格意义上不包括CMBS（商业房地产抵押贷款支持证券）[①]，在广义语境下可以包括CMBS
投资门槛	低	高门槛，面向机构投资者为主
资产增减难度	可以灵活增减资产包中的物业	无法加入新的资产，销售则须在发行前就进行股权或产权的相关安排，才能够在统一运营管理的基础上实现更好的流动
税收优惠	在REITs层面免除所得税等多项免税政策（详细内容见后文第六堂课）	暂无税收等相关优惠政策

可以看到，类REITs产品在目前的制度下，还是有很多限制，

① CMBS为债权性质，指商业地产公司的债权人以原有的商业抵押贷款为资产，依靠抵押物未来产生的净现金流提供偿付本息支持，而发行的资产支持证券产品。

要承担很多风险。主要体现在法律和税收上，为了保证投资者的信心，风险大多数要由发起人来承担。我们还是通过一个实际案例来感受国内的类REITs产品——第一个吃螃蟹的人，最勇敢的先行者。

下面试举实际案例进行说明：

2014年国内首支权益型REITs产品“中信启航专项资产管理计划”获得批准，其本质上是权益型的私募基金。该计划的设置条件如下表3-9所示。

表3-9 中信启航专项资产管理计划一览表

基础资产	通过私募基金间接持有位于北京和深圳的中信证券写字楼
规模	52.1亿元人民币
分级	按70.1%：29.9%的比例划分为优先级和次级。其中： （1）优先级：获得基础收益，退出时获得资本增值的10%（浮动收益部分），获AAA信用评级 （2）次级：获得满足优先级基础收益后的剩余收益，退出时获得资本增值的90%（浮动收益部分）
产品周期	3～5年
预期收益	优先级7%～9%，次级12%～42%
退出机制	变成上市REITs退出，或出售给第三方退出

其交易结构如下图3-5所示。

中信证券在天津新设两个子公司，用以持有物业资产。之所以设立在天津，是因为天津为REITs试点城市，适用18%的所得税税率。接着将中信证券持有的两个资产，通过非货币增资的方式，将产权转移给两个子公司。设立SPV（特殊目的机构/公司）接受天津

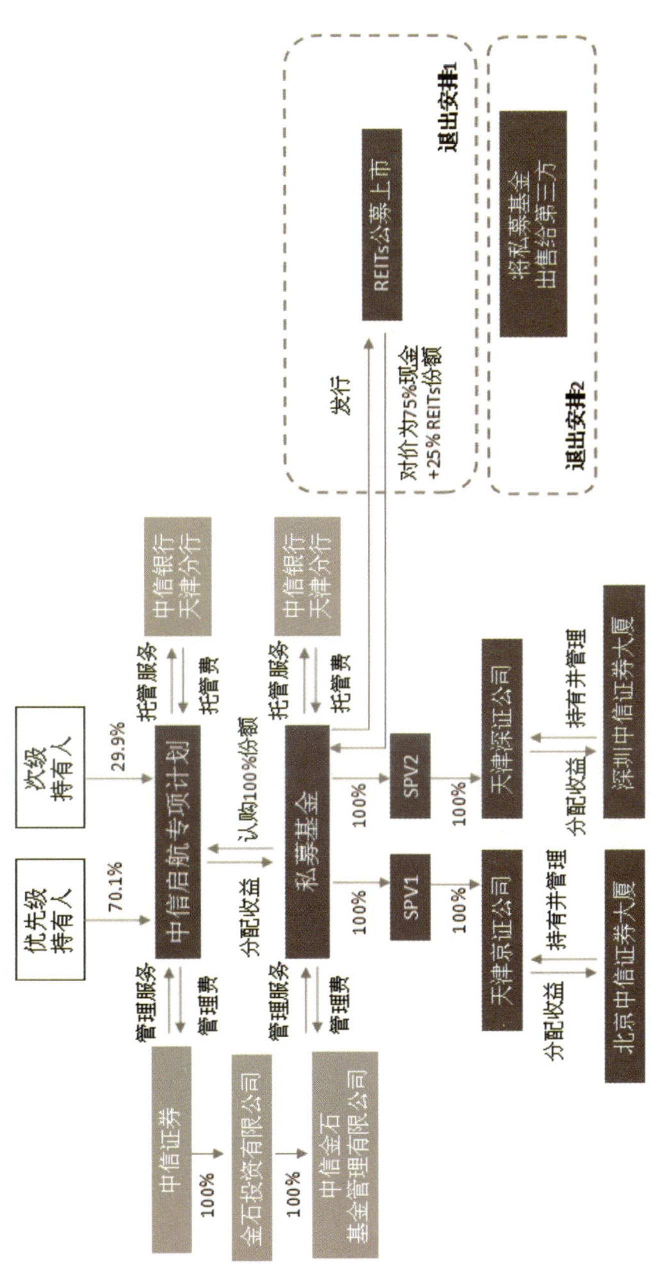

图3–5 中信启航专项资产管理计划架构图

京证与天津深证公司的100%股权，达到间接持有物业，起到破产隔离的作用。两项基础资产均为核心商圈高端写字楼，经由中联资产评估集团估值，评估价为50.04亿元。

专项计划通过认购私募基金的100%份额，私募基金持有SPV的100%股权的形式间接持有物业。专项计划募资52.1亿元，向合格的机构投资者发售，发售完毕后在深交所挂牌交易。但是在流动性方面对每次转让的份额有一定限制。优先级每次转让额度不低于5000万元，次级每次转让额度不低于3000万元，实际上设立了一定门槛。

中信启航作为国内首支权益型的、可以在证券交易所转让的REITs，已经迈出了重要一步。其在组织架构上已经类似成熟REITs产品，通过私募基金持有SPV标的资产，并通过资产的租金收益为主要收入来源，支持证券的发行。但是我们可以看到，该项计划距离成熟的REITs产品依然有差距。例如依然设计了优先级与劣后级；有固定期限；为私募基金，面向群体为少数的机构投资者；转让额度高，流动性受到限制；以及并未享受相关税收优惠，双重税收将给REITs的运营带来很大的压力。

事实上，2016年，当初发行时无限风光的启航计划，经历了一场强制回购风波。原因是发行产品时，中信证券仅认购了10%的次级产品，其他次级产品由内部员工认购。而发行产品2年后，期间房地产市场火热，租金大幅上涨。中信证券作为主力租户，承受大量压力。但是物业升值带来的增值收益，仅通过10%的次级产品回到中信证券。此外，2014年发行时，中信证券对于公募REITs放开持乐观态度，当产品期即将届满时，公募REITs退出机制目前依然无明确希望。中信证券如果找不到第三方买家，将面临高价回购资产的压力，而仅持有10%的次级产品远不足以对冲。

在主营业务业绩不景气的多方压力下，中信证券以降职为条件，低价回购内部员工手中的次级产品，试图挽回损失，但受到了员工的抵制，并引发了舆论风波。

一般REITs的发起人为地产企业，募得的资金也会回流到地产行业，抵御行业周期风险。但是中信证券对专业地产运营经验不足，导致引发潜在风险。

不论如何，中信证券的启航计划是我国首支权益类公募REITs产品，虽然距离成熟的REITs有更多的风险与差距，但依然是不可多得的重要尝试，解决了很多实务操作中的法务问题，具有里程碑式的示范意义。从本案例中也可以看出，我国REITs发行的环境尚未成熟。

3.3.4 REITs与商业信托

最后一位出场的单挑选手是商业信托。商业信托（英文简称BT）是新加坡另外一种以信托方式上市融资的渠道。乍一看，BT与REITs还挺像兄弟，它们在大多数方面都很相似，比如都是投资地产类资产，都是信托的组织形式等。但实际上它们有不同的“上司”，即由不同的法律规范进行引导和监管。

那BT与REITs之间有哪些区别呢？简单来看，主要有两类。

其一，BT所受到的各种限制都少于REITs，可以有更广阔的大施拳脚的空间。BT在投资限制、分红比例、杠杆率等方面的限制都很少，在新加坡，BT与REITs接受不同的法律监管。BT接受的是商业信托基金条例的监管，而REITs接受的是房地产投资信托基金条例的监管。

其二，商业信托的组织架构与REITs有些许不同。商业信托的托管人与管理人是一体的，并没有拆分为两个独立方，统称为托管人-经理。商业信托的托管人——经理的权限相对REITs来说更小，更多体现的是委托人的意愿（如下图3-6所示）。

新加坡的REITs与商业信托的对比，见下表3-10所示：

表3-10 新加坡REITs与BT比较一览表

类别 项目	REITs	BT
托管人——经理的管理权限	托管人与管理人独立	托管人——经理作为唯一管理人，且管理权限相对较小
投资范围	稳定、有持续收入来源的不动产	可投资尚未形成租金收入的商业、酒店、服务式公寓等开发类项目且比例没有限制。可投资港口、基础设施、电信
派息比例	90%以上的股息分派率	可以自行制定
杠杆比例	不超过45%	无限制
税收政策	在REITs层面免征税等诸多税收优惠	无税收优惠，需要在信托层面缴税

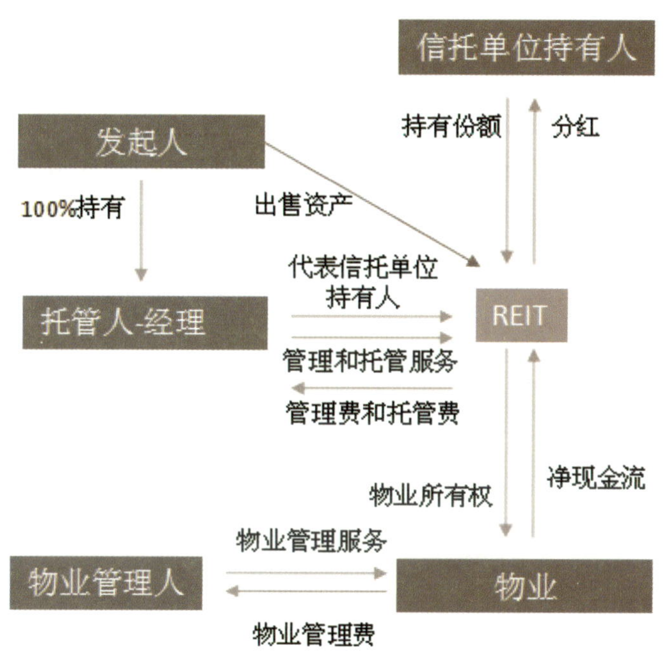

图3–6 商业信托的组织架构图

那么问题来了，既然BT的发展空间这么大，为什么我们不去发行BT，而是发行REITs呢？

这就是要考虑资本市场的青睐度。考虑到BT的限制少，风险大，投资者就会更加谨慎。因此，发行商业信托产品就要有更强的资产底气来保证足够的市场信心。发行BT的标的资产一般是基础设施。

那我们就没有办法发行BT了么？当然不是，在新加坡还可以使用一种创新型的工具，叫做合订证券。比如A证券和B证券合订，那么就是买A必须买B，两者是绑定在一起的关系，不能单独转让和交易。

REITs与BT的合订证券的优势在于可以解除部分对于REITs投资范围的限制，可以增加投资于开发性地产的比例等，给投资带来更多的灵活性。

下面试举实际案例加以说明：

在这里我们以一个REITs与商业信托的合订证券为例进行说明。新加坡的CDL Hospitality Trust，就是一个REITs与BT绑定的证券，由CD LHospitality Real Estate Investment Trust （H-REIT）以及CDL Hospitality Business Trust（CDLHB Trust）组成。CDL Hospitality Trust于2006年7月在新加坡主板上市。H-REIT是亚洲除日本外的首支酒店REITs，关注于亚太区域。其资产组合包括15个酒店和2家度假村，分布在新加坡、澳大利亚、日本和英国。其最终的产品组织架构如下图3-7所示。

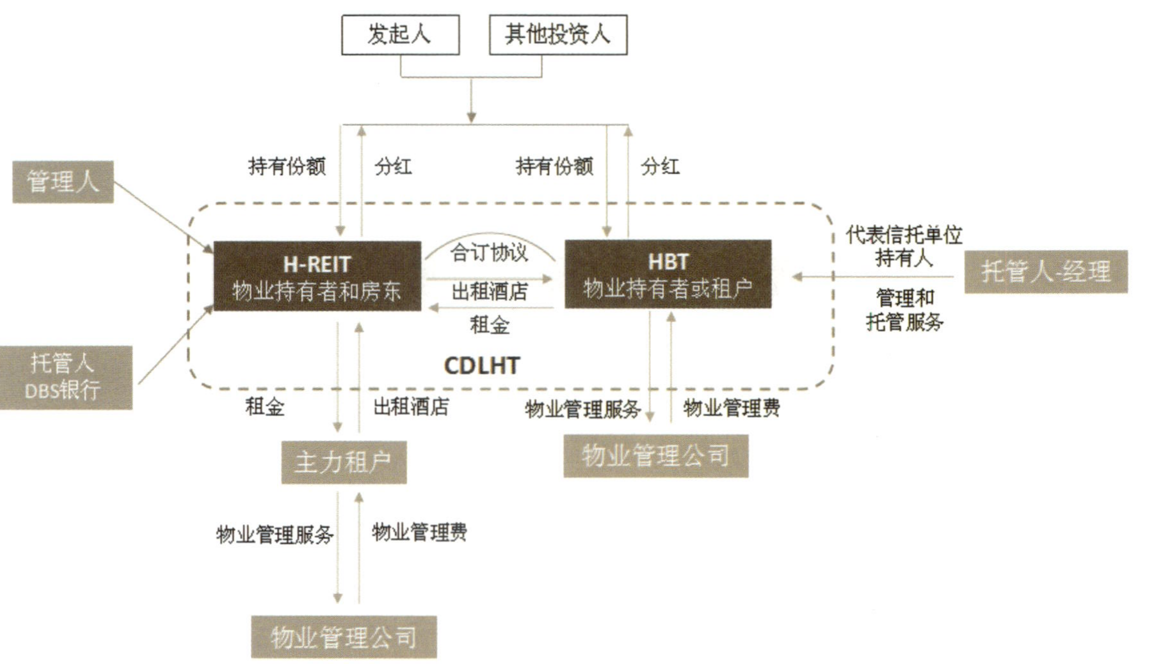

图3–7 新加坡CDL Hospitality Trust 架构图

第四堂课 REITs都去哪儿了

4.1 全球上市地概述

说了REITs这么多，到底去哪儿发行REITs？REITs都去哪儿了？世界上有几个主要的REITs市场，包括全球最大的美国，亚洲最大的日本，以及亚洲新兴的新加坡与中国香港。此外，英国、澳大利亚也有REITs市场，但都规模较小。本堂课，我们在这里将介绍美国、日本、新加坡以及中国香港的REITs市场，让我们对全球的REITs市场发展情况进行概览。

4.1.1 各大上市地概述：美国

1）美国房地产金融市场：MBS（抵押支持债券，或抵押贷款证券化）与REITs

美国一贯是金融创新的源头，REITs方面自然也不会落下。美国是全球最大的房地产金融市场，也是目前最发达、制度体系最健全、品种最丰富的房地产金融市场。可以说，几乎所有的房地产业金融创新工具都是20世纪70年代以来起源于美国。

美国的房地产金融市场最大的特点是二级市场发达，以资产证券化产品为主。其中最主要的两种产品即为MBS[①]与REITs。这两者为美国房地产市场创造着源源不断的流动性，可谓是功不可没。

温馨提示：与REITs的概念不同，MBS是最早的资产证券化产品，指的是将符合一定条件的贷款予以集中，形成一个抵押贷款的资产池（pool），利用该资产池发生的“本金及利息的现金流入”来发行证券。MBS证券的产生与政府的主导紧密相联。为应对20世纪30年代金融危机中的大量住房贷款违约，美国政府成立联邦住房管理局[②]，为发放住房贷款的机构提供保险。1938年，成立FHA下属的联邦国民抵押协会[③]，俗称房利美。1970年另一家公司房地美成立，与房利美统称两房，形成了二级抵押贷款的金融市场框架。

2）美国REITs的发展历程

美国的REITs从20世纪60年代起开始发展，经历一起一落又再起，如今终于建立起了一套较为完善的资本和法律体系，进入稳定发展的轨道。那么，美国的REITs到底经历了哪些起伏呢？其中又是什么因素起到了至关重要的作用呢？

---

① MBS，英文全称Mortgage-backedSecurities，抵押贷款证券。

② FHA，英文全称Federal Housing Administration，联邦住房管理局。

③ Federal National Mortgage Association，即房利美。

A. 缓慢发展初期：1960—1968年

美国的REITs形成于20世纪60年代初期，国会批准了《房地产信托投资法》，允许设立REITs。法律规定满足条件的REITs，可免征资本利得税和所得税。早期的REITs委托第三方管理，仅是一个物业组合。开始时，REITs发展是比较缓慢的。1961年首支REITs设立，1965年首家REITs上市，到1968年仅有10余家REIT。

B. 抵押型REITs热潮：1968—1974年

在20世纪70年代初，美国赶上房地产开发的浪潮，在大量需要资金的情况下，抵押型REITs得到了快速的发展。抵押型REITs利用少量股东权益和大量借款向房地产业提供短期贷款，REITs总资产从1968年的10亿美元快速上升至20世纪70年代中期的210亿美元。

C. 低潮与重整：1974—1986年

1974年受到石油危机影响，美国经济衰退，利率高企，房地产过度供给。这一系列的寒冬导致抵押贷款违约，房地产商破产。因此抵押型REITs也陷入困境，价格暴跌，多数破产，少数通过资产重组向权益类REITs转型。1981年，美国国会通过《经济振兴法案》，允许业主利用房地产折旧来避税。REITs在一阵低潮之后有所慢慢恢复。

D. 全面复苏：1986—1993年

1986年《税收改革法案》解除了对REITs的管制，REITs实现了资产管理内部化，但是还不能经营非收租类业务。1991年开始，利率不断下降，同时房地产业经历萧条后，REITs能够以较低的价格获得资产，业绩重新回升。1991—1993年间，REITs收益率为23.3%，资产值创下历史最高。

E. 高速稳定发展：1993年至今

1993—1994年间，REITs公开上市大发展，到1994年年底，公开发行股权型REITs超过388亿美元，物业类型更加多元化。

1997年《纳税者减免法》颁布，1999年《REITs现代法》颁布，税收更优惠。REITs伴随房地产业繁荣起来。

2001年10月，股权写字楼房地产REIT被纳入S&P500指数。资本再循环策略、股票回购、合资经营等受到REITs的青睐。

从以上美国市场REITs的发展情况来看，我们可以看到，REITs的发展主要与两个因素有关，一是政府的法规政策，包括税收等；另一个则是房地产行业与经济周期的发展。

3）美国REITs市场现状

美国REITs经历近60年发展，经历几次波动，目前整体发展迅速。整体来说，其与房地产业和经济周期相关性高，与整体股票债券市场相关度低。

NAREITs是指美国房地产信托基金协会，其关注整个行业的发展。2016年年底美国NAREITs 指数中共包括222支REITs， 总市值10750亿美元。2016年年底NAREITs 指数的总收益率为9.28%，分派收益率为4.08%。

同时，在REITs的类型上，截至2017年3月，美国市场上的权益型REITs占到94.25%，可以说是当之无愧的市场主流（如下图4-1、4-2所示）。

图4–1 美国REITs历年市场规模

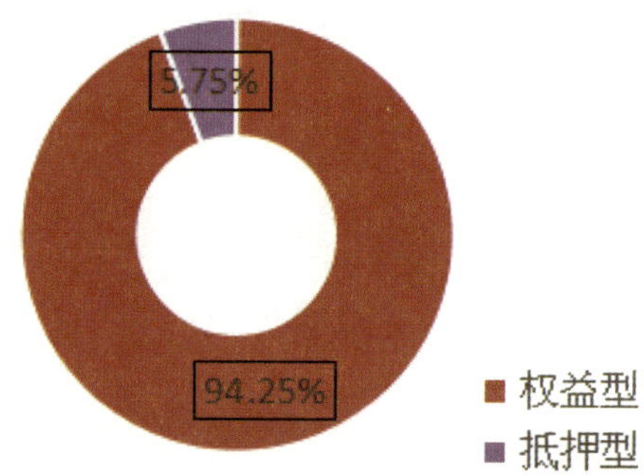

图4–2 美国REITs类型占比示意图

下面试举实际案例，加以说明：

西蒙房地产集团有限公司是美国最大的REITs上市企业（SPG US EQUITY）。西蒙地产于1993年上市，其前身为1960年创立的购物中心MSA。公司开发运营遍布全球的零售物业。其收入主要来源于不动产租金（固定+浮动），以及物业管理费（如下图4-3所示）。

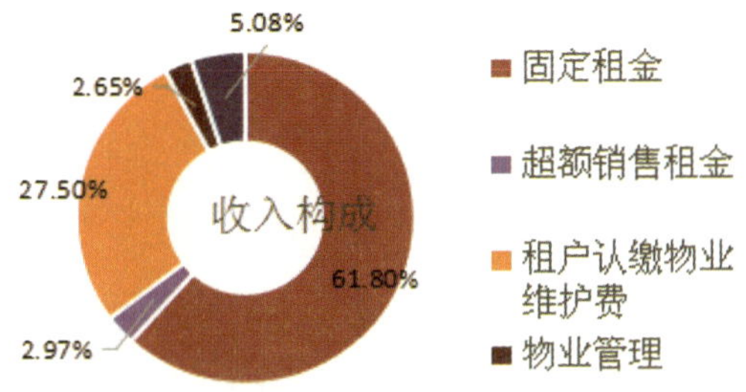

图4-3 西蒙地产集团收入构成示意图

2016年，西蒙地产营业收入达到54.3亿美元，净利润18.4亿美元。其REITs每单位170.04美元，总市值612亿美元。截至2017年第一季度，西蒙地产REITs的分派收益率为4.17%，市盈率达到了28.97，是市场中的领头羊。

4.1.2 各大上市地概述：日本

1）日本REITs市场的发展历程

日本是亚洲第一个REITs市场，也是亚洲最大的REITs市场。2000年年底，日本通过了REITs相关法案；2001年，日本的首批两支REITs在东京证券交易所上市。日本的REITs也被称为J-REITs，组织形式以公司制为主。

根据东京证券交易所的规定，J-REITs的成立需要满足以下要求：

a. J-REIT必须为封闭式。

b. 至少70%的总资产必须投资于房地产、房地产租赁等与房地产直接相关的资产活动中；95%的总资产必须投资于与房地产直接相关资产，超过50%的资产投资于与房地产相关的投资公司股票、现金以及现金等价物。

c. 净资产必须超过10亿日元，总资产必须超过50亿日元。

d. J-REIT上市时，J-REIT流通股至少超过4000份；前十大份额持有者的持有份额不得超过总份额的75%；除前十大份额持有者外，其他份额持有者数量必须超过1000人；原则上，J-REIT仅是一个资产持有工具，不允许雇佣自己的员工，相关的资产管理、托管以及行政管理功能都必须委任给其他专业机构。

虽然日本REITs发展不到20年，但是目前也已经成为全球闻名的REITs市场。

值得注意的是，日本的REITs仅可以投资于本国的资产，因此境外资产目前还没有到日本上市的机会。

2）日本REITs市场的现状

目前J-REIT共计58支，总规模超过千亿美元，其中规模最大的为Nippon Building Fund，市值约79亿美元。

根据J-REITs资产类型不同，可分为综合型和专业型两大类。专业型里面可以进一步划分为办公楼、住宅、商业、酒店、物流和医疗等几个品类。其中，日本的REITs是以综合型为主，约占总体的42.36%；专业型的REITs以办公类物业居多，占市场总体的22.59%。

2008年的经济危机也给日本REITs带来了冲击。日本央行自2010年12月起，入市购买REITs，这给了市场一剂强心针，全面支持了REITs的复苏。2015年11月19日，日本央行宣布维持量化宽松金融政策，这意味着依然会以每年8亿美元的速度购买REITs。目前日本央行持有REITs超过25亿日元，而且仍在持续购买。

由此可见，日本的REITs不仅是其房地产和资本市场的反映，还是日本政府执行量化宽松金融政策的重要工具。因此，J-REITs受到了投资者的普遍看好。当然，日本的REITs目前也还是处于起步发展阶段，和美国漫长的半个世纪相比，日本的REITs市场依然还有很大的成长空间。

下面列举实际案例，加以说明：

Nippon Building Fund是日本最早上市的J-REIT之一，专注于管理经营办公类不动产，主要布局在东京都市圈。目前在东京中心商业区拥有71处大型办公建筑，可供出租面积103.9万平方米。物业资产估值达108亿美元。2016年，该REITs的净利润达2.3亿美元。资本市场表现方面，其目前总市值为79亿美元，市盈率34.4，分派收益率为2.8%（如下图4-4所示）。

图4-4 日本NBF经营业绩图

4.1.3 各大上市地概述：新加坡

1）新加坡REITs市场的发展历程

新加坡作为亚洲四小龙，在金融市场中的创新自然也是不落人后的。新加坡是亚洲继日本之后第二个推出REITs的国家。两者发行第一支REITs的时间仅差一年，可以说是前后脚踏上REITs这条高速发展的列车。

新加坡于1999年5月颁布了第1版《新加坡房地产基金指引》。首支新加坡REITs上市始于2002年。截至目前，新加坡证券交易所是全亚洲仅次于日本的规模巨大的房地产投资信托上市地，也是亚洲第一个允许跨境资产发行房地产投资信托基金的国家。

2）新加坡REITs市场的现状

截至2017年第一季度，新加坡共有38支REITs产品，市值485.7亿美元，相比于亚洲最大规模的日本REITs市场还有一定距离。但是，虽然规模上没有那么大，新加坡的REITs也是一个相对完善的市场，麻雀虽小、五脏俱全，物业类型丰富，投资者广泛，物业来自于全球各地，成熟度很高。

从投资的物业类型来看，投资于工业物流类的REITs最多，其次是综合类和零售类（如下图4–5所示）。

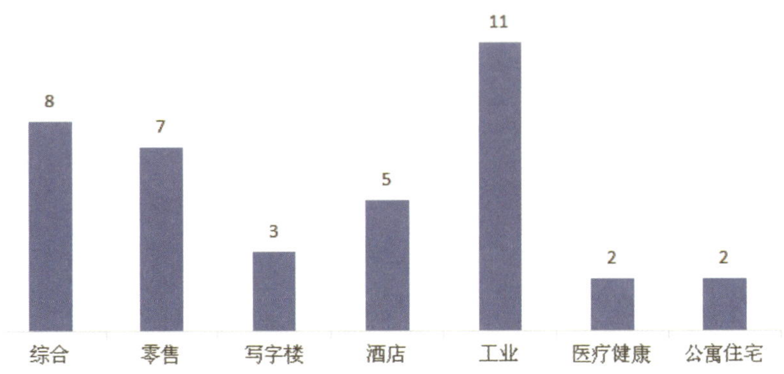

图4–5 新加坡各物业类型REITs数量（单位：支）

我们之前提到，新加坡是允许境外物业在本地上市的，这就是我们为何说，许多国内的优质资产，已经在“新加坡站”上车。

那么，新加坡REITs产品中，有多少是包括有大陆物业的呢？不看不知道，一看还真不少。在新加坡的38支REITs产品中，有10支REITs持有大陆境内物业，包括47处物业资产，主要分布在中国一二线城市。而这些大陆物业的类型也是以工业物流与零售为主。这些物业的主人，是先行看到了新加坡REITs的优势，通过在新加坡进行融资，赚取了不少收益。

知己知彼，百战不殆。想要成功融资，就必须知道投资者喜欢怎样的REITs产品。那么，换上一双投资者的眼睛来看，衡量REITs的表现，主要有哪些指标呢？简单来说，有以下几个：分配收益率、杠杆率和市净率。其中，分配收益率毋庸置疑，就是每年从REITs拿到的每股分红，除以REITs的股价所得到的比率。杠杆率则是从资本结构角度衡量REITs的风险。市净率，则反映REITs的市值与REITs净资产之间的关系。

从目前整体市场表现来看，新加坡市场REITs的平均收益率为7.21%，市净率为0.98，平均杠杆率为33.46%。而从过去7年的平均值来看，REITs的历年收益率为6.88%，基本与新加坡的10年期国债利率的走势是相似的，平均收益率较国债要高出4.7%。

而从各个物业类型来看，工业物流类的分派收益率最高，为8.06%（如下图4–6所示）。

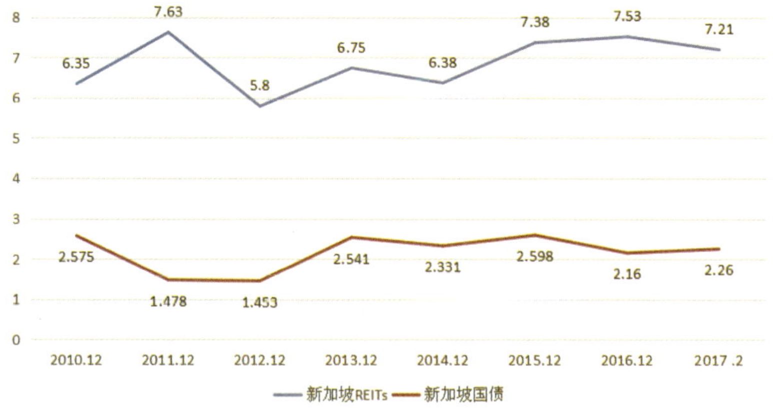

图4-6 新加坡REITs与10年期国债过去7年平均分派收益率变化对比

总体来讲，新加坡REITs的市场表现比较稳定，因此也是投资者非常关注的市场。

4.1.4 各大上市地概述：中国香港

1）中国香港REITs市场的发展历程

香港于2003年7月正式发布《房地产投资信托基金守则》，但在最初的规定中，境外资产是无法进入发行REITs的。在很多方面，中国香港的REITs都借鉴了美国的相关架构。2005年，该守则重新进行了修订，允许中国内地的商业地产项目在香港进行融资。

与香港联交所一贯的严格政策类似，中国香港REITs上市前及上市后的诸多要求也显著高于新加坡等国（地区）。之后也多次进行调整修订，例如引入合订证券，允许REITs投资金融工具等。总体来讲，REITs的法规在不断放开。

但有意思的是，中国香港在2013年之后，就没有新的REITs上市了。这也许是因为许多计划上市的发起人，在思考了优势与劣势之后，都选择去新加坡上市的缘故，因为在2013年以前，中国香港的各项法规都要比新加坡严格，上市条件也更加苛刻。也许是因为这个缘故，为了获得更大的REITs市场，2014年，中国香港重新立法修改了REITs法规，在大部分标准上向新加坡看齐，现在两者在法律税收上的差距也在不断缩小。然而，近3年的境外物业，依然纷纷谋求在新加坡上市，不仅是中国大陆资产，还包括美国资产、澳大利亚资产等，这也许是值得思考的有趣的地方。

2）中国香港REITs市场现状

截至2017年第一季度，香港共有10支REITs产品，市值279.4亿美元。

从投资的物业类型来看，主要是综合、零售、写字楼和酒店，其中综合类最多（如下图4-7所示）。

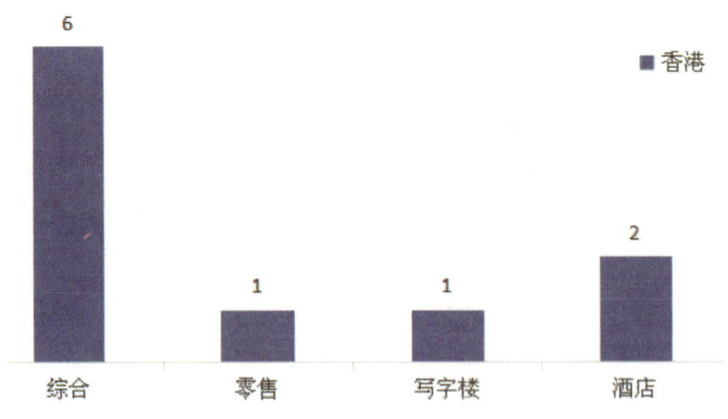

图4-7 中国香港各物业类型REITs数量（单位：支）

而中国香港的10支REITs产品中，有5支持有大陆境内物业，占据了半壁江山，包括20处境内物业资产，主要分布在中国大陆一线城市，类型以酒店居多。

目前，中国香港REITs市场的平均收益率为6.52%，市净率为0.67，处于折价状态，平均杠杆率为26.15%，保持在较低的水平，相对风险较小。过去7年的历史平均收益率为5.75%。从物业类型来看，酒店类的分派收益率最高，为7.42%。下表4-1为目前中国香港市场REITs产品的一览。

表4-1 中国香港市场REITs产品一览表

名称	派息率（%）	市值（亿港币）	投资领域
汇贤产业信托	9.04	169.3	综合
春泉产业信托	7.90	36.7	写字楼
开元产业信托投资基金	7.82	23.3	酒店
越秀房地产信托投资基金	7.15	132.3	综合
富豪产业信托	7.03	71	酒店
泓富产业信托	5.73	46.8	综合
置富产业信托	5.64	165.7	零售
阳光房地产基金	5.28	76.1	综合
冠君产业信托	5.41	5.41	综合
领展房地产投资信托基金	4.18	1117.3	综合

数据来源：Bloomberg数据库，截至2017年3月。

领展房地产投资信托基金，是首家在香港上市的REITs，也是目前香港最大的REITs。其旗下拥有的物业占香港全部商业零售物业的9%左右。

下面列举实际案例“越秀房托基金”予以说明：

越秀房地产信托投资基金可以说是境内物业REITs领域的一个经典案例，因为这是国内首家境内物业赴境外上市的REITs项目，也是香港放开境外资产赴港上市后的国内首单项目，是毫无疑问的先行者。同时因其所处的特殊历史时期，在诸多操作步骤上，也是不可复制的先例。

2005年12月21日，越秀REITs在香港联交所上市，包括债务在内一共募资33亿港元。上市时其资产包括位于广州的4家商业物业，包括办公和零售，总面积16万平方米，均为黄金地段的优质资产。

越秀REITs的发起人是越秀投资，是广州市政府在香港的窗口企业。在上市之前，越秀投资其实处于一个债务高企、现金流低迷的危机时刻，短期偿债指标非常差。为了度过财务危机，越秀投资借助母公司越秀集团及其国际背景进行了一系列复杂的资产重组，用低价获得了上述一系列优质资产。

越秀上市的组织架构如下图4-8所示：

值得注意的是，在越秀的架构中，境外的SPV直接持有了境内资产，且非常清晰。2006年，国家发布了171号文，即《关于规范房地产市场外资准入和管理的意见》，限制境外企业直接持有境内资产，从而使后续赴境外上市的企业，无法再模仿越秀的架构。

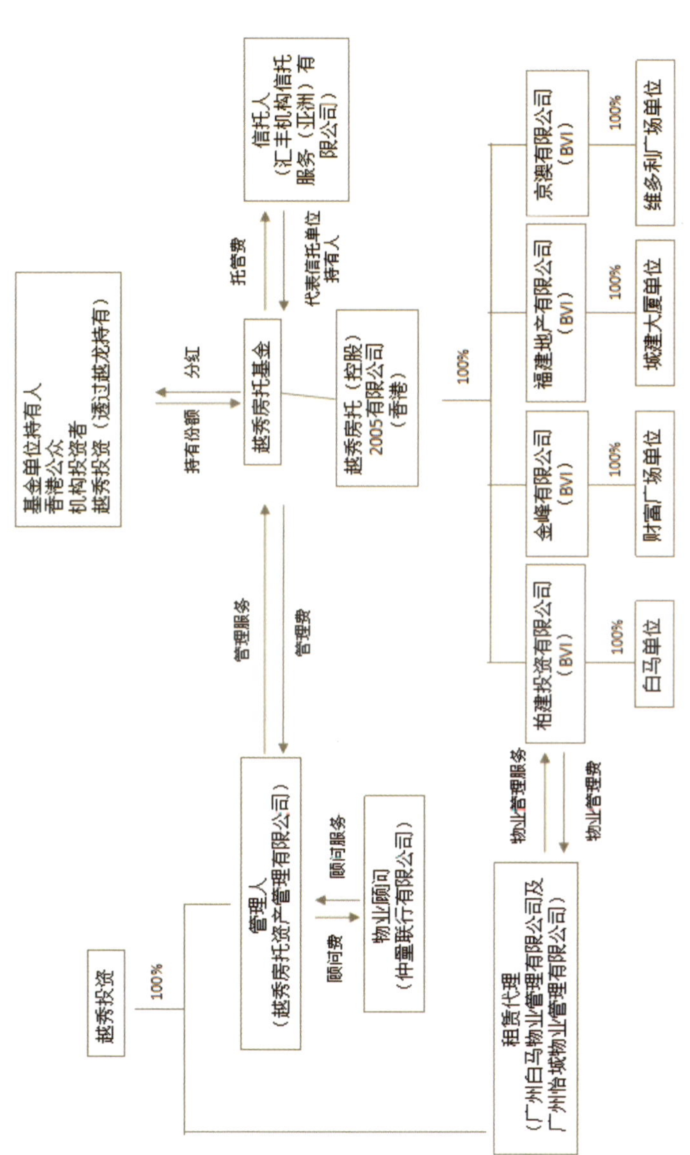

图4-8 中国广东越秀上市组织架构图

在上市过程中，越秀房托基金委任估值机构高力国际，对资产进行了估值。事实上，本次估值与两年前另外一家评估机构的估值差距巨大，高出近20亿港币，最终估值额达40亿港币。而这个过程中资本市场并未发生明显的变化。对此，越秀在招股说明书中解释为估值方法的不同。事实上，这取决于估价师对于未来收入预期的主观判断。越秀通过巧妙的统筹安排，例如声明计划提高租金一倍，并争取到了续约协议等方式，改变了房地产的预期净收益，获得了更高的溢价。

在最后的上市阶段，越秀投资及其关联方，共持有REITs的32.1%的权益，并在上市过程中大量溢价套现，缓解了自己企业的现金流压力。

当然，我们也应当看到，越秀的上市实在是天时地利人和，其优质资产来源于外部，依赖大股东的支持，国企的背景让其跨境审批得到了优势，在估值时大规模溢价，从宣布REITs计划，到在短短4个月之内实现成功上市，等等这些都是不可复制的。但是其组织思路值得借鉴，开发了一条地产融资的创新之路。

4.2 我们可以选择哪里

之前我们介绍了全球4个主要的REITs市场，包括美国、日本、新加坡和中国香港。

但是美国很傲骄，上市非常严格，基本不认可海外资产的上市。

日本则是不喜欢和别人玩，只在自家做蛋糕，不允许J-REITs投资海外的房地产资产。

因此中国内地企业赴海外上市的最备受关注的选择范围就是新加坡与中国香港。

下面我们就逐一来看，新加坡与中国香港的花儿为何这样红？两地上市REITs都有哪些具体的要求？在新加坡与中国香港这红玫瑰与白玫瑰之间，我们又该如何抉择？

4.2.1 企业境外可选上市地之一：新加坡

新加坡的REITs市场从第一次发布相关法案起，目前已经有了近20年的发展，形成了比较成熟且国际化程度较高的REITs市场。新加坡政府不遗余力地推动REITs的发展，在REITs产品上市的条件要求和优惠政策方面也较为成熟，能够帮助发行人规避潜在风险并促进REITs交易市场健康有序发展。

从近3年的市场来看，境外的企业纷纷选择赴新加坡上市，如同雨后春笋。这里面包括2015年北京华联BHG REITs登陆新交所主板；2016年在新加坡上市成功的澳大利亚的工业物流地产Frasers，美国的办公楼地产Manulife，中国的运通网城ECREITs。此外在2016年3月11日，绿地控股与荣耀基金旗下的Amare投资管理集团在新加坡签署协议，设立Amare-绿地酒店业房地产投资信托并拟在新加坡证交所主板上市，绿地将在信托中认购30%份额。

为何大家都纷纷拜倒在新加坡的石榴裙下？可以说，其规范成熟的法规，完善的税收优惠配套，广泛的融资来源，都是考虑的因素。其中，法律和税收是选择一个REITs市场所需考虑因素的重中之重。

1）新加坡REITs的法律框架

新加坡REITs属于集合投资计划，监管机构为新加坡金融管理局①，上市的REITs要接受新交所的监管。其遵循的基本法律框架如下：

《证券与期货法案》②及其配套法规；《集合投资计划准则》③，及其附录六《不动产投资基金》④；《REITs管理人导则》⑤。

同时在上市时，还要符合新交所的上市要求，即《新交所上市手册》⑥。

具体的法律法规条文，请见本书附录部分。

2）新加坡REITs的法规要求

---

① MAS，英文全称为MonetaryAuthorityof Singapore。

② SFA，英文全称为Securities and Futures Act，（Cap.289）。

③ Codeon Collective Investment Schemes。

④ Codeon Collective Investment Schemes。

⑤ Guidelines to REITs Managers。

⑥ SGX listingmanual。

没有规矩，不成方圆。根据以上法律框架的规定，新加坡对于REITs上市的条件有诸多要求。例如，在组织形式上对管理人、受托人的资格要求。在投资范围、派息比例、杠杆率、上市条件方面也有规范限制，现将重点的基本条款简明扼要地整理出来（如下表4-2所示）：

表4-2 新加坡REITs的法规要求

项目＼内容	新加坡REITs的法规要求
组织形式	• 受托人资本大于100万新币的独立第三方 • 管理人的公司必须在新加坡注册，有固定办公地点，资产需大于100万新币，其控股母公司需至少有5年以上从业经验，并指定独立顾问。高管至少有10年的工作经验和5年的管理经验。需要获得金融管理局授予的资本市场服务牌照
投资范围	• 房地产相关资产指的是房地产，以及房地产公司的债券以及上市股票，以及其他不动产基金和房地产附着物 • 投资于可产生收益的房地产相关资产不少于总资产的75% • 不得投资于空地/从事开发活动（除非计划长期持有该资产） • 来自土地剩余租期不及30年的物业经营利润不超过50%（本条为新交所上市要求，如果存在特殊情况给出解释，可能豁免） • 投资物业发展和未完成物业的金额不超过总资产的10%（如果获得份额持有者同意，可再增加15%的总投资额，投资于已经持有3年并计划继续持有3年的物业翻新） • 投资于单一证券/基金金额不超过总资产的5%
派息比例	可分配利润大于90%的需要分红给份额持有人
杠杆率	（借款+延迟付款/资产）不大于45%
主板上市	• 资产规模不低于2000万新币 • 公众持股量不低于25%，至少有500名公众股东（或者至少100个风险投资基金） • 总发行费用约占融资额5%～10%

从以上法规条文中，我们可以看到新加坡市场的完善之处，处处规避了潜在的风险。

在关于投资范围的限定上，限制了REITs投资开发物业，规范了REITs利用稳定现金流的房地产资产产生收益的本质特点。

在杠杆率的控制上，限制45%的借贷比例，如此也降低了REITs的风险。当然，这可是2016年新加坡发布的最新规定。在此之前，在拥有较高信用评级的情况下，REITs的杠杆率可以达到60%。但是新规发布以后，对于风险的控制又上了一个台阶。新加坡的REITs无不认真遵守，实际杠杆率仅在36%左右。

此外，限制分红比例，必须大于可分配收入的90%，这可是REITs产品的独特标配，正是这一点，让REITs能够吸引投资人的注意。而对于融资方来说，这既能有助于其获得广泛的资金供给市场，也是对其稳健经营的激励。

3）新加坡REITs的税收政策

我们之前提到，新加坡REITs的优势之一就在于其优厚的税收政策。

REITs的一个特点是组织结构比较复杂，需要设置SPV等方式来实现资产证券化（在后文会详细讲解），在这个过程中，必须要有国家的税收政策进行支持。否则就是一层层扣税，像洋葱剥皮，最后到投资人手里已经所剩无几。不论是REITs的管理者，还是投资人，都不愿意这样的事情发生。对此，新加坡政府送上的“税收大礼包”，可谓非常符合REITs投资者和管理人的预期。

具体的税收减免优惠详见下表4-3。

表4-3 新加坡REITs税收优惠一览表

REITs层面	• REITs层面用于分红的部分免税 • REITs层面未分配部分按照17%的企业所得税率缴纳所得税 • REITs来源于境外的股息所得免税 • REITs买卖房产免征印花税 • REITs设立SPV，收购并持有海外资产，无需缴纳消费税
项目公司层面	• 分红部分免税 • 出售利得免税 • 无房产税优惠
投资者层面	居民投资者：个人免预提所得税，个人股息及出售所得免税。 非居民投资者：机构17%的所得税，法人缴纳10%的预提所得税

我们可以看到，无论是在REITs层面，还是在SPV层面，亦或是在个人投资者层面，税收的优惠力度都是相当大，基本无需缴纳税费。

有了这份美好的税收承诺，终于可以让人放下心来，好好发展REITs。

4）新加坡REITs的投资市场

新加坡REITs市场在新加坡民众中接受度很高，经过近20年的发展已经培育出了一批成熟的机构和个人投资者，充分关注REITs市场且充满热情。

此外，新加坡政府允许公积金和养老金投资REITs市场，这些都属于谋求长线稳定投资的投资者，REITs稳定的现金流收入匹配其投资需求。

当然，投资者的成熟也对REITs的运营能力提出了一定要求，一般回报率要求在7%左右，这也比较考验REITs的运营能力。有实力的REITs，运气都不会差。

4.2.2 企业境外可选上市地之二：中国香港

大陆的企业赴境外上市的第二个受欢迎的选择地，就是香港。

香港目前有10支REITs，其中有5支包括有中国大陆的物业。它们分别是领展房地产信托投资基金（2005）、越秀房地产信托投资基金（2005）、汇贤产业信托（2011）、春泉产业信托（2013），以及开元产业信托投资基金（2013）。2013年之后，香港REITs市场出现了“断粮”，没有新的REITs在香港成功上市。

1）中国香港REITs的法律框架

香港REITs的法规在香港《证券与期货条例》的指引下执行，受香港证监会的监管。2003年，香港特区证监会发布了第1版《房地产投资信托基金守则》，为房地产投资信托基金的发展提供了法律基础。2005年，香港证监会重新修订该守则，取消了REITs投资地域限制。同时，上市需要满足香港联交所的《主板上市规则》。

2）中国香港REITs的法律规定

这里，我们同样用组织形式、投资范围、派息比例、杠杆率、主板上市条件几个维度，来看香港REITs的上市条件（如下表4-4所示）。

表4-4 中国香港REITs的法规要求一览表

组织形式	•必须是信托形式 •受托人资本大于1000万港币的独立第三方 •资产管理公司经过监管机构批准，持有牌照，高管具有5年以上房地产项目管理经验
投资范围	•至少75%的总资产应投资于可产生收益的房地产 •可以投资上市股票，上市或非上市债券，国债和其他房地产基金，但单一证券不超过总资产的5% •投资空地/从事房地产开发（包括修缮翻新）不超过总资产的10% •不可从事担保/购入会把自己陷入无限责任的资产 •需保证所持项目50%以上的控制权，持有期至少2年 •如果计划投资针对某一类地产，该资产必须超过非现金资产的70%
派息比例	可分配利润大于90%的需要分红给份额持有人
杠杆率	借款/总资产 不大于45%
主板上市	需要同时满足以下条件： •市值大于1亿港元 •利润：上市前3年合计大于5000万港元，最近1年大于2000万港元 •公众持股量大于25% •发行费用大于1000万港币，约占融资额的10%～20%

3）中国香港REITs的税收优惠

和其他成熟的REITs市场一样，香港REITs也有配套的税收优惠。

我们可以看到，香港的REITs反而对境外资产的税收优惠力度更大（如下表4-5所示）。

表4-5 中国香港REITs税收优惠一览表

REITs层面	• REITs层面免征所得税 • 如果REITs直接在香港持有不动产，产生的租金收入需交15%的房产税 • 来源于境外不动产的所得以及资本利得免税 • 无需代缴外国投资者的预扣税
项目公司层面	• 如果REITs通过SPV持有香港不动产，SPV利润按16.5%征收所得税。如果该不动产在境外，则不需要缴纳。 • SPV来自于另一个SPV的利润免税
投资者层面	• 分红所得免税 • 出售基金单位所得免税

4）中国香港REITs的投资市场

香港REITs在2005年开始发展时，初期市场很火爆，很重要的原因是因为政府的法律法规支持，然而后来发展缓慢。2006年香港股市利好，盖掉REITs的吸引力；2008年经济危机，整体投资下滑；2010年香港实行严格的楼市调控政策，REITs前景不明朗，这些都导致了香港REITs的发展缓慢，影响香港投资者对REITs的投资信心。目前香港商业地产依旧处于低点，REITs基本在折价出售，平均市净率只有0.67。投资者对于香港的REITs还处于观望的状态。

4.2.3 新加坡与中国香港的REITs对比选择

好了，那么新加坡与中国香港这两个风水宝地，到底哪一个更适合大陆物业进行上市选择呢？事实上，我们可以看到，2013年之后境内企业赴境外上市的REITs全都选择了新加坡，这是不是代表了一种现下的判断呢？新加坡与中国香港的REITs相比，各自又到底有哪些优势呢？我们现在来一一解读。

首先来看下新加坡与中国香港REITs市场的不同之处（如下表4-6所示）。

表4-6 新加坡与中国香港REITs市场不同之处对比

项目＼类别	新加坡REITs市场	中国香港REITs市场
组织形式	公司制或信托制	只能是信托制
市场规模	38支REITs，市值485.6亿美元	10支REITs，市值279.4亿美元
法律法规	• 可以投资房地产相关资产 • 在计划长期持有该资产时可以投资于空地/从事开发活动。投资物业发展和未完成物业的金额不超过总资产的10%（如果获得份额持有者同意，可再增加15%的总投资额，以投资于已经持有3年并计划继续持有3年的物业翻新） • 持有单一证券不超过5%	• 投资空地/未完成物业的金额不超过总资产的10% • 不可从事担保/购入会把自己陷入无限责任的资产 • 需保证所持项目50%以上的控制权，持有期至少2年
税收政策	• REITs层面用于分红的部分免税 • REITs层面未分配部分按照17%的企业所得税率缴纳所得税	REITs通过SPV持有中国香港境外资产免利得税。持有中国香港境内资产需交16.5%的利得税。用于分红部分免税

（续表）

主板上市条件	•资产规模不低于2000万新币 •公众持股量不低于25%，至少有500名公众股东（或者至少100个风险投资基金）①	需要同时满足以下条件： •市值大于1亿港元 •利润：上市前3年合计大于5000万港元，最近1年大于2000万港元 •公众持股量大于25%

那么两者的优劣势又分别在哪里呢（如下表4-7所示）？

表4-7 新加坡发行REITs的优劣势

类别 项目	新加坡发行REITs优势	新加坡发行REITs劣势
法律法规	基本相似，相对宽松	
税收政策	对于境外资产，税收优惠与中国香港相似	
投资市场	市场大，投资者成熟，流动性高	投资者预期回报率高，REITs运营压力较大
发行程序	•交易所和中介经验更丰富，处理能力强 •从经验来看发行费用较低	REITs通过SPV持有中国香港境外资产免利得税。持有中国香港境内资产需交16.5%的利得税，用于分红部分免征

实际上，从2013年之前来看，新加坡在法规上还是占有不少优势的，但是2014年中国香港修正了自己的REITs法规，放宽了限

① 若不选择公开交易，则无需满足持股量和股东数的要求。

制，很多地方向新加坡看齐，例如允许REITs投资金融证券等。因此，目前来看，如果是中国大陆的资产想在两地上市，两者的法律和税收差别不大。那么为何大家还是纷纷选择在新加坡上市呢？

这也许是因为新加坡的市场规模更大，相关中介机构经验更丰富，同时对于主板上市材料的审核，没有中国香港严格。例如在招股说明书中，对过去的表现可以用未审计的模拟财务报表体现，无需有严格的历年经审计的财报等。

也许正是在这些细节上，决定了近些年上市的公司都选择了新加坡市场。

第五堂课 你的物业是否适合发行REITs

5.1 适合发行REITs的物业都长什么样

以终为始，我们从投资者的角度倒推适合发行REITs的物业。投资者最关心的不外乎两件事：一是收益率高，二是未来增长潜力大。

能装进REITs的物业资产首先需要具备的条件是拥有清晰的法律权属。这是决定物业资产能否发行上市的关键的第一步。

其次，物业资产的总体量需提供足够的流动性。一般而言，新加坡市场的承销商和投资者一般倾向于至少40亿美元的总资产规模。当然，若物业资产本身的股东背景实力雄厚，如2015年在新加坡上市的华联REITs（体量为20亿美元），那么可在体量环节的劣势上有所弥补。

满足了产权和流动性的基本条件后，我们来继续看投资者对物业还有哪些具体关注点。我们可从区位、类型、租户、运营、财务这5个方面来探讨你家物业到底是不是REITs篮子里的菜。

1）区位

物业的发展前景离不开当地经济和配套设施的支持。一二线城市、省会城市及发展较快的城市提供了增长活力的宏观环境。近年来，随着城镇化的推进，四六线城市机遇非常大，包括商业地产在内的房地产业发展迅猛。

地处经济产值持续增长的地区，可利用消费型经济和持续城市化趋势保证发行的确定性。

除了区域经济活力外，物业周边的配套设施也会对物业发展产生积极的影响，包括交通便捷度、餐饮、休闲娱乐设施等。一般而言，若企业物业资产所处物理位置分散，可较好地提高资产组合丰富度，降低投资风险。

2）类型

如前所述，可打包装进REITs篮子的热门物业包括购物中心、办公楼、商业综合体、酒店、工厂、物流设施。除此之外，医疗健康、公寓也是可考虑的类型。

其中，购物中心受地理位置、配套设施的影响较大，除此之外，能否为消费者提供优质的购物体验也是吸引客流量的关键，这依赖于对租户的选择以及物业运营的质量。

3）租户

租户类型包括多租户和单一租户。租户种类是否丰富，是否存在主力租户，以及主力租户的资历和租期，直接影响到物业的租金水平和稳定度。

租金条款的设置暗示增长潜力。出租率的高低也是用于衡量物业运营绩效的关键指标。良好的租客和房东关系，可以促进高收入租户的回头率。

4）运营

非地产公司可以发行REITs么？主体资质一般的发起人可以发行REITs么？答案是肯定的，只要你有大量自用大楼、商铺、工厂和仓库等，而且拥有优质运营记录，能提供稳定现金流。

5）财务

健康的财务表现分为资产质量、负债质量、收入质量、费用质量这4个维度，直接表现在可分配利润和净营运现金流两项指标上。其中，资产质量主要取决于企业是否有受限资产及份额有多大，如已被抵押的资产。负债质量取决于债务期限、杠杆率以及平均成本。租金收入需要具备可持续性，且有增长空间。费用方面需关注具体的物业运营成本明细，包括管理费用和销售费用等的高低。

5.2 管理人，你问我爱REITs有多深

事在人为，一个好的REITs背后离不开经验丰富和魄力十足的管理团队。所以，除了以上所说的硬件指标之外，投资者还会关注物业资产的发起人和管理团队的资质。

为稳定公众投资者的信心，发起人一般最少持有REITs份额的30%。管理团队需要具有较强的投资和资产管理的业绩和经验，因为这关系到上市后如何通过资产重装和重建，来吸引高收入的租户和更高的客流量，创造高于目前资产组合的净物业收入贡献，从而为投资者带来更高的派息率。

若管理人本身运营记录优秀，且在上市时已规划好有较多的可装入REITs的后续资产，同时还有强大的战略合作伙伴，那么自然会给投资者一个非投不可的理由。

综上，产权清晰、体量适中、运营良好、财务健康、运营团队经验丰富的物业资产都可装进篮子中。

第六堂课　上市路上如何打怪升级

6.1　12个月会发生哪些神奇故事

一般而言，在境外发行一支REITs需要8～12个月，包括上市准备、审批、路演三个环节，由于审批和路演的时间相对固定，因此，一般来说，大量的时间和精力集中于准备阶段。下面我们以8个月（35周）的时间轴为例展开上市日程（如下表6-1所示）。

表6-1　REITs上市的日程安排

环节	内容	时间
上市准备	基本相似，相对宽松	第1周
	组建核心团队	第1周
	资产筛选与财务模型	第1～2周
	尽职调查与资产重组	第2～18周
	投资故事与文件起草	第2～18周

（续表）

上市审批	提交申请	第19～30周
	接收资格许可及提交招股书	第30～34周
上市路演	前期市场营销	第19周～32周
	路演及定价	第30～34周
	成功上市	第35周

6.1.1 上市准备流程

1）会晤新交所

准备好大干一场了。先别激动，第一步迈出去之前，先跟领导做个事前沟通。比如，拜访当地的新交所办事处，跟他们先打个招呼，一来可以咨询下自身物业资产上市的可能性，二来也能了解到最新的发行政策，说不定还能听到更多优良的建议。从一开始就能消除信息不对称，何乐而不为?

2）组建核心团队

上市路上艰难险阻，当然少不了一帮虎狼之师保驾护航。它们分别是：投资银行、律师事务所、会计师事务所、资产评估机构、市场研究机构。

在哪个国家上市，就要找到当地相应的投资银行合作，这个事前沟通和与新交所沟通一样同等重要。毕竟最后能否发行上市，其中一个关键要素是投资者是否愿意接盘，而这很大程度上取决于两方面因素：其一，投行是否愿意接单；其二，投行能否找来像样的基石投资者以稳定公众担忧之心。

给境内外机构提供法律意见的律师事务所分为两种类型。一般来说，会有一个上市地的大型律所做总顾问，同时境内有两家律所，一家为管理人、发起人解决法律问题，另一家为境外投行解决境内法律问题。此外，境外也有两家律所，一家为投行提供境外法律事务建议，另一家为受托人提供法律事务建议。其中，负责境内管理人的律所主要负责的是资产尽职调查和重组方案设计。

会计师事务所主要解决的是资产尽调、财务数据及盈利预测审计和重组过程中的税务筹划问题。一般来说，可以找两家事务所分别负责审计与税务的工作，当然也可直接找一家事务所的审计和税务部门分别对接。

资产评估机构的任务则是对资产进行尽调以及估值。资产评估价值的高低最后直接影响到融资额的水平。如何结合投资者营销设定合理区间，以及对接到估值层面，属于估价机构的技术活。

市场研究机构主要是提供招股书中的行业研究报告，其对于行业及物业发展前景的定调关乎投资故事的效果，因而也是相当重要。

3）资产筛选与财务模型

发起人若是在多地拥有多处物业的话，资产筛选即显得较为重要。根据前述标准把合适的资产进行初步打包，以方便接下来的尽职调查和资产重组。因而，在项目开始前，公司应与投行（财务顾问）、律师、审计师协调所有前期工作，包括确认评估范围。

随后开展的是财务模型搭建。财务模型是投资故事的雏形，是企业未来前景的数字化呈现。在接下来的尽职调查里，它将经历重重考验。

4）尽职调查和资产重组

律师事务所、会计师事务所、资产评估机构依次进场，联合奉献一场尽职调查的盛宴。其中，律师事务所主要从法律层面对资产进行调查。调查内容包括股权关系、所有权关系、协议控制关系、经营合同等，然后出具尽职调查报告。以下对法律尽调涉及的项目与确定方法进行列举介绍。

a. 业权权益：通过已签署的房地产业权证明、房地产销售合约及相关文件等进行确认。

b. 土地及物业的合法性：通过楼宇尽职调查报告及重大项目解释来确认，其中包括固定资产已付税凭证。

c. 诉讼/纠纷：通过任何现在或将来可能与租户或其他方出现的诉讼/纠纷来确认。

接着针对发行上市，制定与落实可行的资产重组方案，草拟法律意见书与信托契约。

会计师事务所主要从审计和财税层面对资产进行调查。首先是结合境内主要税务影响及风险点，与律师一起协助选定最优的重组方案，并匡算其税务成本。在此基础上，基于境内项目公司的业务运营模式进行税务健康检查，并出具未来税务筹划的框架性思路以供参考。资产重组完成后，基于财务模型出具模拟财报及盈利预测的审计报告以及税务报告。以下对审计与财务尽职调查涉及的项目进行列举介绍。

a. 了解业务概览与相关内控流程。

b. 了解相关期间的经营业绩、资产状况与现金流状况。

资产评估机构开启物业尽职调查工作，结合尽职调查团队整体所得的事实，对物业资产进行估价。在估价过程中，采用上市地法定要求的估值方法以获得资产包的公允价值。如新交所要求使用现金流折现法与收入资本化法的加权平均值得出最后的估值金额。以下对物业尽职调查的项目进行列举介绍。

a. 通过建筑图则、建筑申请材料及施工图、大厦设施检查报告等文件对物业地盘及大厦一般情况进行调查，并分析潜在的非法问题对现金流的影响。

b. 通过至建筑竣工所需建筑费预测、维修费用过往记录等，对长短期维修费用进行预测。

c. 通过大厦结构报告、支柱结构图则及地质调研报告等进行结构测量。

作为最后入场的专业服务人员，估价师会与审计师协调有关资产账面价值对接问题，与律师协调有关产权问题，最后向公司提交评估结果。

最后，在这些虎狼之师的共同努力下，大量材料在上市过程中逐渐形成，最后临门一脚踢进交易所的大门。它们包括的材料如下表6–2所示：

表6–2 REITs上市所需的材料一览表

租赁协议	REITs和承租人签订
物业管理合同	物业管理人、管理人与受托人签订

（续表）

买卖协议	管理人、受托人与SPV持有人签订
境内重组协议	发起人进行境内资产重组时与相关机构签订，如明确非REITs资产剥离时的对价、业务、雇员、负债等处置问题
融资协议	发起人或境外SPV与银团签订的贷款协议
信托契约	由律所出具，管理人、受托人与单位持有人签订
基石投资者文件	与基石投资者签订，包括保密协议和认购协议，放弃分派协议（视情况）
公司文件	如董事会决议
模拟财报、盈利预测	1. 前3年度模拟财报。若是向第三方购买物业的话，可申请豁免披露，只需提供上市日期的模拟资产负债表即可 2. 未来2年盈利预测
审计报告	由会计师事务所出具，对模拟财报和盈利预测做出审计报告
税务报告	由会计师事务所出具，对REITs涉税问题提出报告
安慰函	由会计师事务所发给投行
法律意见书	由律所发给投行
估值报告	由资产评估机构出具
市场研究报告	由市场研究机构出具
招股书	由投行组织编写
承销协议	由承销商与发行方签订

5）投资故事与文件起草

财务模型在前一阶段经历尽调的重重考验之后，终于脱颖而出，如今轮到投行出手对投资故事进行包装。与此同时，投行领衔各大专业机构基于已有成果起草招股书。招股书，出师表也。书中的每一字每一句，公开昭告了企业的美好愿望和服务机构的满腔心血，是对投资者的汇报与承诺。

6.1.2 上市审批流程

大部分技术活在准备阶段已基本解决，接下来就是“亮剑”时刻。

1）提交申请

首先，需要提交REIT管理人申请，并任命董事会及管理层。管理人执照申请一般需要2～3个月，因而在准备阶段后期就可以开始着手申请。其次，再次拜访新交所，申请免除招股说明书中的历史模拟数据。最后，以保密形式向新交所提交上市申请。这个申请提交包括章节A和章节B两个阶段。章节A需要等待8周时间，章节B需要等待4周时间。

在这个过程中，各大机构辅助公司回答新交所聆讯，估价师跟进新增物业评估、基准日更新评估。

2）接收资格许可及提交招股书

漫长的12周过去后，顺利取得新交所上市资格许可。随后向金管局提交招股书初稿，接受公众审查。与投行签署承销协议，最后提交最终招股书。到此，大功告成!

6.1.3 上市路演流程

接下来期待已久的投资银行家们要出手了。

1）前期营销

在准备阶段最后一个月，投行开始筹备调查研究报告，随后，浩浩荡荡的基石投资者市场营销活动拉开了帷幕。发布上市前研究报告，通过前期推介来锁定基石投资者，探探它们的口味，为定价设定区间。

2）路演及定价

上市申请获批，路演材料也已到位，接着就是路演登场。在投行的协助下，进行国际路演和簿记建档，确定合理的定价和分配，确保足够的认购需求和多样化的高质量的投资者群体。

3）成功发行

第35周，上市了！

6.2 如何战胜拦路虎

6.2.1 资产重组环节的难点及对策

企业成功发行上市的关键是投资者的认可，后者最关注的指标之一是派息率。在资产重组结束后能否支撑市场要求的派息率是此环节的最大风险，而风险来源即重组费用，其中以税负为大头。

如前几章所述，资产重组的税负主要集中在境内归集与跨境并购环节，其中尤以土地增值税与企业所得税为甚。合理的税务筹划方案是战胜拦路虎的强大武器。

资产重组步骤如下图6-1所示：

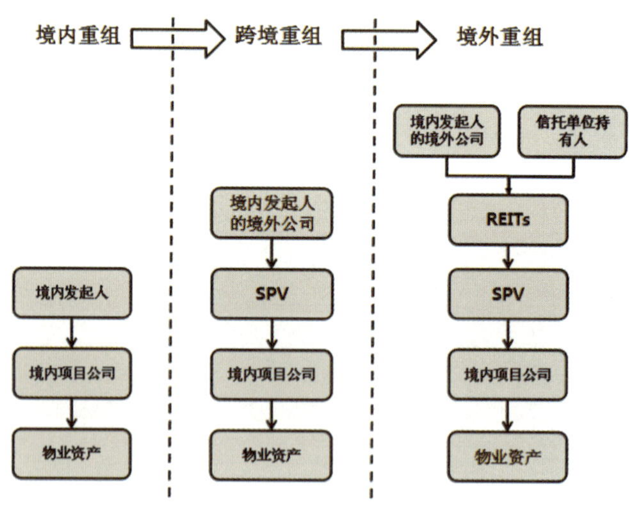

图6-1 资产重组步骤示意图

1）境内归集环节

前文提到，REITs要求物业的法律权属清晰，产权完整，没有抵押权或其他受限权利。发起人挑选出合适的物业资产后，需要将其装进项目公司中，进而进行跨境并购，最终由REITs通过持有境外SPV、境外SPV持有境内项目公司的方式来间接持有物业资产。

总体而言，境内归集环节涉及的税种包括土地增值税、企业所得税、城建税及教育费附加、印花税和契税。

先说土地增值税。《中华人民共和国土地增值税暂行条例》规定："转让国有土地使用权、地上的建筑物及其附着物并取得收入的单位和个人，为土地增值税的纳税义务人，应当依照本条例缴纳土地增值税。"

根据税收规定，土地增值税采用超率累进制，应按照纳税人转让房地产所取得的增值额和相关税率计算征收。其中，增值额指纳税人转让房地产所取得的收入减除规定的扣除项目金额后的余额。扣除项目包括取得土地使用权所支付的金额，开发土地的成本、费用，新建房及配套设施的成本、费用（或者旧房及建筑物的评估价格），与转让房地产有关的税金，以及财政部规定的其他扣除项目。而税率根据增值额情况从30%到60%累进（如下表6-3所示）。

表6-3 增值税率的累进比例一览表

档次	级距	税率	速算扣除数
1	增值额未超过扣除项目金额50%的部分	30%	0%

（续表）

2	增值额超过扣除项目金额50%、未超过扣除项目金额100%的部分	40%	5%
3	增值额超过扣除项目金额100%、未超过扣除项目金额200%的部分	50%	15%
4	增值额超过扣除项目金额200%的部分	60%	35%

若发起人把物业资产直接出售给项目公司的话，必然涉及土地增值税的缴纳，且费用不菲。比方说，发起人拟转移到项目公司的物业资产成本为500万元，转让市价为1000万元，那么转让房地产所得的增值额为500万元，扣除项目为500万元，增值率为（1000−500）/500=100%，就需要缴纳土地增值税费用为［（1000−500）×40%］−（500×5%）=175万元，占转让价格的17.5%。直接转让的交易架构所带来的融资成本过于高昂，因此实务操作中一般会采用其他交易方式实现资产转让，包括下文提到的投资入股、资产分立和无偿划拨等。

再看企业所得税。《中华人民共和国企业所得税法》第五条规定："企业每一纳税年度的收入总额，减除不征税收入、免税收入、各项扣除以及允许弥补的以前年度亏损后的余额，为应纳税所得额。"由于转让财产收入属于企业所得税应纳税所得额中收入总额的一部分，因此房产转让时需要缴纳企业所得税。在多种税收筹划方案中，除了分立之外，其他符合转移所有权的视同销售条件，因此也需要缴纳企业所得税。

接着看增值税。2016年5月起，营改增全面实施。2016年4月30

日之前购进的原有不动产可选择税率为11%的一般计税法或者5%的简易征收法进行纳税。将原有不动产对外投资入股视同销售，需要缴纳增值税。

然后来看城镇建设税及教育费附加。该税种属于附加税费，以纳税人缴纳的增值税和消费税为计税依据，与其同时缴纳。城镇建设税税率为7%（市区）、5%（县城和镇）和1%（其他地区），教育费附加税率为3%和2%（地方教育费附加）。

再看契税。房产所有权发生转让时，产权承受人（即买方）需要缴纳契税。税率为3%～4%。在投资入股的情况下，一般按成交价的一定税率由被投资企业缴纳。

最后看印花税。根据税法规定，在境内书立、领受应税凭证的单位和个人，都是印花税的纳税义务人。不动产转让时涉及的应税凭证有产权转移书据以及营业账簿。在投资入股的情形下，按投资作价入股合同金额的0.05%由投资方和被投资方分别缴纳。若项目公司为新设，则新公司需要新设营业账簿，还需按照账簿所记载的“实收资本”与“资本公积”两项合计金额的0.05%缴纳印花税。

简单了解了一轮不动产重组环节的重要税种后，我们来看看，在不同的税收筹划方案情境下，需要缴纳哪些税费。一般而言，境内重组需要按原有企业的业务拆成资产与运营两部分，下面逐个简要探讨具体的拆分方式及可能的税负影响。

a. 以固定资产投资设立项目公司，从而将资产注入项目公司

此方案涉及税种主要包括土地增值税、企业所得税、增值税、城建税及教育费附加、印花税和契税。其中，若双方均非房地产企

业的话，土地增值税可免征。

b. 以企业分立方式把REITs资产和非REITs资产分别剥离给分立后的企业

此方案涉及税种主要包括土地增值税、企业所得税和印花税。其中，若非房地产企业的话，分设为两个或两个以上与原企业投资主体相同的企业，对原企业将国有土地、房屋权属转移、变更到分立后的企业，暂不征土地增值税。

c. 集团内部进行资产的无偿划转

此方案涉及税种主要包括土地增值税、企业所得税和印花税。若可视为资产重组则可免征增值税。

2）跨境并购

把物业资产装入项目公司后，便进入转让项目公司股权至境外SPV的步骤。在股权转让之前，应先在境外设立私人信托和SPV。

a. 设立私人信托的基本方式如下：

- 在新加坡设立一家私人有限公司， 作为私人信托的管理人并委任专业独立信托公司作为受托人。
- 当管理人和信托公司签订信托契约，私人信托即成立。

b. SPV的设立方法有如下3种，具体选择哪一种方法需要与税务和法律团队进一步讨论：

- 由发起人设立。
- 由私人信托设立。这种情况下，SPV的实际股东是受托人。
- 由发起人设立的境外公司或与发起人无关的独立人士设立。

接下来，便轮到股权转让。由于涉及跨境并购，而商务部第10

号文第十一条对跨境并购的关联并购有相关规定，要求“境内公司企业或自然人以其在境外合法设立或控制的公司名义并购与其有关联关系的境内公司，应报商务部审批。当事人不得以外商投资企业境内投资或其他方式规避前述要求”。言下之意，若是境外公司与境内公司均与发起人有关联关系的话，该项交易需要报批，报批意味着不确定性增加。

什么情况可以不适用这条规定呢？市场上有多种做法，总结为3种基本方式。其一，找个境外独立人士，如某集团董事长太太为新加坡国籍（从而避开境内相关规定），拿到护照；其二，找境外实质无关联人士购买SPV，如华联找的是香港私人伙伴关系的人士；其三，先与外资共同设立境内公司，再把合资企业转变成外资企业。

解决完审批的问题，我们又再次面临跨境重组时溢价产生的税负问题。跨境并购时必须以评估价格定价，10号文第十四条规定，“并购当事人应以资产评估机构对拟转让的股权价值或拟出售资产的评估结果作为确定交易价格的依据。禁止以明显低于评估结果的价格转让股权或出售资产，变相向境外转移资本”。境内公司需要承担的税负包括土地增值税、企业所得税和印花税，其中若上一步资产打包环节出资方式可实现公允价值后，此步计税基础与公允转让价一样，即企业所得税可大大降低甚至为0。除此之外，新加坡SPV还需承担印花税和契税。

那么，SPV股权转让给REIT是否要交税呢？原来境外发生的公司重组因为涉及境内物业，在境外也视同征税。然而，第698号文和第7号文并不适用于个人情况，因此可通过由个人成立的私人信托来规避，否则会发生10%的税负。事实上，税收筹划的一个核心理念是，所有形成的税负筹划都是税收递延，不可能完全规避。因此，满脑子想着削减重组费用的老板们，还得看开点，要想到更长远的上市收益。

跨境重组的拦路虎除了税负外，还有资金来源的问题。所幸第10号文第16条有相关规定，“支付股权转让价款：（1）外商投资企业营业执照颁发之日起3个月支付全部对价；（2）经批准，6个月内支付全部对价的60%以上，1年内付清全部对价”。参考这条规定，企业可通过上市时间差来解决跨境并购的巨额资金问题，即在跨境并购发生后的6个月内完成上市、利用上市所募集资金偿还SPV收购款。说到这儿，你可能会问，如果时间掐不准怎么办？当然还有第二个方案，就是通过银团贷款协议来解决，这个需要提前跟投行协商计划好。

跨境重组的资金来源问题又引申出另一个资金问题：为均衡上市后公众持股量和流动性并确保利益一致，发起人通常需要持有信托基金30%的份额，那么发起人认购的巨额资金又是从哪里来呢？理想状态下，由境外SPV购买境内股权进而把资金支付给发起人，然后发起人拿到资金进行份额认购。然而，由于目前对外投资政策收紧，这种方式不再有效。如何解决？还是通过贷款。作为过桥贷款的一种，境外投行贷款给私人信托持有人，由持有人把资金借给发起人全资控股的境外公司，由境外公司认购基金份额。之后，在成功上市募资后，资金再从境外SPV流向境外公司再流向私人信托原持有人，进而进行贷款偿还。

解决了跨境重组的资金来源和税负问题，我们再来看看大股东如何通过REITs上市项目进行直接套现。REITs和IPO相比，其中一个隐藏的优势在于大股东可以直接套现，而后者只能通过在解锁期满后的二级市场上买卖股票来实现目的。那么套现是如何实现的呢？如上所述，发起人大股东通过把关联人改头换面后（如换国籍的方式）安排为私人信托发起人，在整个REITs交易架构中大股东的资金流入为私人信托赎回款，资金流出是通过一定路径过渡到发起人在海外子公司中，作为发起人认购而支付的资金，因此大股东的直接套现便是私人信托赎回款扣减掉认购资金。在上市之后，一般来说，十几亿的套现妥妥地装进口袋。

那么从发起人的视角来看，又能从上市项目中拿到多少资金呢？发起人可得资金除了大股东套现那部分外，还包括跨境并购中从新加坡SPV处收到的股份支付对价款。这里应该注意的是，发起人把项目公司股权全部转让给REITs的同时，也把相关债务转移了出去，因此在项目公司层面，REITs通过更低成本的银团贷款的方式把其存量债务全部清除，从而把债务从项目公司层面转移到了REITs层面。因此我们可以看到，在REITs募集资金用途中，除了支付私人信托赎回款、支付跨境并购对价款、提供营运资金等外，还包括偿还境内贷款。

说到这儿，你可能会有疑问。跨境并购审批如此严格，那么如何能顺利拿到并购对价款呢？一路过五关斩六将外，这已经不是大问题，目前外汇管理思路是宽进严出，所以说，你按照以下步骤一定能拿到跨境资金。第一步，经过省级以上商务机关审批取得批文；第二步，在境内公司的注册地银行获得业务登记凭证；第三步，由发起人在注册地银行开设境内资产变现账户。可以在异地开户，但只能开一个；第四步，新加坡SPV把外汇转入境内资产变现账户；第五步，结汇，新加坡币转换为人民币，转入结汇待支付账户；第六步，资金通过结汇待支付账户进入第三方人民币账户。资金入袋，大功告成！

顺带提一下，上市后分红资金如何出境？给开户行提供文件即可，必要文件包括利润分配决议、税务备案表以及经过审计的财务报表。

6.2.2 估值与定价的难点及对策

估值方法是基础，定价策略是主导。

1）估值方法

如前所述，REITs之所以能提供比银行贷款、CMBS等融资渠道更高的融资额度，秘密就在于估值体系的不同。REITs采取的最重要的估值方法是现金流折现法，即基于物业资产未来能产生的现金流而作出估值。下面对物业资产常见的几种估值方法作简单介绍。

a. 现金流折现法。现金流折现法涉及经营物业的一连串定期现金流，并就该一连串预测现金流量采用适当的贴现率以求出现值。现金流折现法一般分三步：第一步是设定一个预测期，假设物业将于预测期结束后出售，一般REITs估值时会把物业预测期定为

10年，假设物业将于第10年年末出售。第二步是根据物业情况确定相关项目，包括预测期内的租金收入、支出、增长率、预测期期末时的终值、空置亏损、坏账率，以及预测期贴现率、最终资本化率等。第三步是按照预测期贴现率和最终资本化率对定期现金流和期末时的终值分别折现到当下时点，相加后即得出物业总价值。

该方法反映物业的特定特质，如租限及租金增长潜力、续租租金、空置率及全部支销。适用于成熟物业，即入住率稳定、基础租金稳定的物业资产。

b. 收入资本化法。收入资本化法对现有租约的现时租金及日后的潜在复归租金进行资本化，以求出现值。在收入资本化法中，需要分别计算年期价值和复归价值。其中，目前现有租期内的现时租金收入（又称年期收入），通过年期回报率折现成年期价值；租期满后、余下土地使用期内的潜在复归租金收入（复归收入），以复归回报率折现成复归价值。把年期价值和复归价值加总后即得到物业总价值。这里的资本化率包括年期回报率和复归回报率两种类型，那么该如何确定呢？参照市场对同类型物业收益率进行估算，同时考虑物业类型和性质、潜在的未来租金增长预期、资本增值和相关风险因素。资本化率与长期国债之间总保持着一种相对稳定的正相关关系，REITs资本成本一般比10年期国债的收益率高出2～4个百分点。

该方法反映相关物业的特定特质，如租期届满概况、现有租户公约，以及现时和复归租金水平。

c. 市场比较法。市场比较法指的是将估价对象，与在估价时点的近期有过交易的类似房地产进行比较，对这些类似房地产的成交价格做适当的修正，以此估算估价对象的客观合理价格或价值的方法。一般来说，市场法可作复核时使用。

市场比较法的关键指标是市价/运营收益①，运营收益=净收入+资产折旧+出租费用摊销+租客改进摊销−非经常性损益。使用运营收益而非每股净利的原因是考虑房地产折旧后的会计利润不一定会反映商业地产价值上升，因此要加回折旧。其适用于数量较多、经常发生交易且具有一定可比性的房地产，如普通住宅、别墅、写字楼、商铺、标准厂房、土地等。

d. 成本法。是指求取估价对象在估价时点的重新购建价格，然后扣除折旧，以此估算估价对象的客观合理价格或价值的方法。主要适用于发生交易较少，没有经济收益或经济收益难以确定的房地产。

该方法适用于非标准厂房和仓库、学校、医院、图书馆、行政办公楼等。

e. 假设开发法（剩余法）。假设开发法是求取估价对象未来开发完成后的价值，减去未来的正常开发成本、税费和利润等，以此估算估价对象的客观合理价格或价值的方法。

主要适用于具有开发或再开发潜力的房地产，包括可供开发的土地、在建工程、可重新改造或改变用途的旧房等。

最后你可能会想起经常被提及的一个词——单位资产净值，它

① 运营收益，英文全称为Fund From Operation。

由财报上的净资产与总份额相除得出，一般用作与现时市价相比较的参考。

企业在准备REITs前往新加坡上市的过程中，需要按新交所准则的要求，提交商用物业评估报告，且必须采用现金流折现法和收入资本化法加权值。

下面试举一些具体案例加以说明。

【案例1】运通网城REITs

此案例使用现金流折现率方法对财产进行估值，并用市场法进行核对。

在运营不动产时，周期性的现金流量通常估计为总收入减去空置和操作费用和其他支出之后得到的值。一系列周期性的净营业收入以及预测期终值的估计，通过资本成本折现。市场法通过比较近期附近销售的同类型物业的价值，并根据规模、位置、时间、设施和其他相关因素等进行调整。

关键假设如下表6-4所示：

表6-4 运通网城REITs的投资设置

投资周期	10年，假设10年后销售
最终资本化率	6.25% ~ 6.5%
贴现率	8% ~ 9%

【案例2】开元产业信托

此案例采用现金流折现法进行估值。下表6-5为其中一个酒店——杭州开元名都大酒店的估值细节。

表6-5 开元产业信托的投资设置

项目	假设
投资周期	10年
平均每日租金	2013/2014：650元
平均每日租金年增长	稳定在4%
可用客房入住率	稳定在65%
餐饮收益	占总收益的62%
家私、装置及设备拨备	占总收益的2%
贴现率	9%
最终增长率	4%
估值	19.2亿元

2）定价策略

当然，REITs绝对不是搭个模型得出一个数值就结束了，其准备阶段得出的是一个估价区间，随后还需要拿到市场上去验证。并结合投资者营销的环节，通过多步得到最佳定价，如下所述：

a. 确定主要的估价区间。建立初始新股估值模型和选择方法，讨论预测和估值，交叉检查物业估值。

b. 投资者教育估值区间。承销团分析师公布交易前研究成果，并参与投资者会议，受纳教育机构投资者房地产信托投资基金的投资故事和估值，识别机构投资者潜在的顾虑，获得投资者的估值反馈。

c. 细化估价区间。基于投资者教育反馈识别和认同一个范围，其中价格底线需要有足够的吸引力，以鼓励广大投资者参与，价格顶限需要现实可行并能最大化估值。

d. 营销股价区间。公司管理层直接沟通其背景，将兴趣意向转换为需求，产生需求竞争和价格压力，投资者给出反馈和订单。

e. 最后定价。分析需求书的质量和价格敏感度，实现一个健康的售后一致的最佳定价，并向优质的投资者分配新股以创造出一个强有力的新的单位持有人基础。

6.2.3 投资者营销的难点及对策

投资者营销在准备阶段后期就要开始，主要目标是实现主要的上市估值及募集最大量的资金，提升国际形象、创造需求和价格压力，以及确保强有力及稳定的上市后表现。全面的上市前营销活动将提升房地产信托投资基金的形象并制造上市需求，制造早期发展动力对实现优质的上市估值很关键。

一般来说，建议建立包含5个承销商的承销团结构，其中一位是主承销商，并作为财务顾问和全球协调人，其余为联席承销商。其中，4位承销商（国际银行）负责机构投资者，另外一家新加坡本地银行负责零售投资者。该结构设计的目的是产生更大的投资需求以及更高的发行价格定位；同时提供适当的激励使每位承销商尽力营销上市发行，并为上市发行提供议价能力。

如何引进优质基石投资者？投行有大把资源，关键看它怎么做。一般来说，在早期会拜访客户，访问大型机构，获得初期反馈，以确定潜在目标的投资者。

选定几个素质高的长线投资者，有利于确保早期需求以保持强劲的发展势头，并且使股票故事更具有吸引力。

基石投资者有什么风险偏好特点呢？如果按投资时间长度和价格来决定程度划分的话，相较于零售投资者、私人银行、公司和其他非传统投资者、全球机构，基石投资者有更长的投资周期和价格决定权。

除了基石投资者之外，如何更好地引起公众投资者的注意呢？首先需要知道投资者的定位原理。机构投资者主要分为行业专家、国内投资者、对冲基金和新兴市场投资者，其中，行业专家对行业动态和估值方法非常熟悉，容易区分不同基金的特点；而国内投资者理解经济形势，能坦然接受成长故事；对冲基金资产配置非常灵活，投资决策迅速，能够预订非常大的订单；新兴市场投资有非常大的购买力，相对睿智成熟。而零售投资者包括个人投资者和私人银行，其中个人投资者是上市的传统坚定支持者，热情高涨，通过最有经验的国内银行确保其强有力的定位能力，而私人银行有非常大的购买力，以及来自提高风险承受力的私人银行客户的强大需求。

全球机构投资者是成功上市的重要投资者集团，它们占据60%的簿记量，是最复杂的意见决定者和价格决定者、长期投资者，能提供相当的上市后支持，确定和渗透顶级“核心机构”投资者是推动和最大化全球机构投资者的关键。

第七堂课　如何改善REITs的公司治理

7.1 如何实现扩张转型

7.1.1 管理人战略

REITs上市过程中，依靠资产管理吸引投资者，其中投资者对资产的市场价值的信心是上市成功的关键。REITs上市后，物业资产收益分成了运营和资产两块，其中，管理人从资产管理中获得管理费收入，运营者通过运营管理获得运营收入，而单位持有人则获得投资收益。在借助资本市场做大做强的过程中，REITs管理人遵循3种积极型管理战略，分别是针对租户的租约设置和针对客流的营销策略，以及物业资产的翻新改造、新物业资产的并购等。通过战略性收购与资产增值措施来提升价值。

以下用一个简单的模型介绍管理人的战略核心，如下图7-1所示。

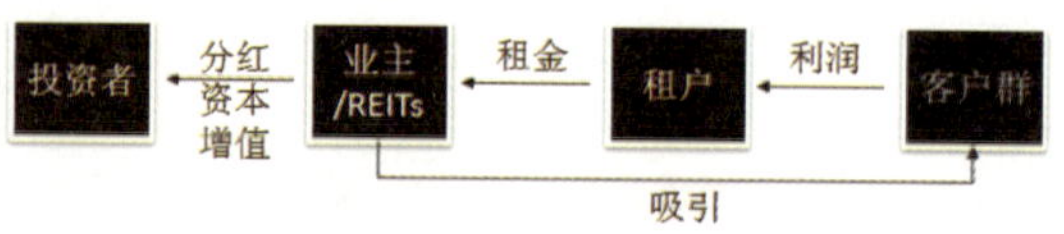

图7-1 管理人的经营战略示意图

并购新物业时的核心考虑因素是能否为股东创造长期回报增值，包括相对于现有组合更高的每股派息水平，以及能否对现有组合产生协同效应。归根到底是，目标是否跟管理人投资策略一致。倒推下来，能否为投资者创造溢价收益取决于租户的租金稳定性及增长潜力，而后者最终取决于商业地产本身对客户群的吸引力。购物中心吸引的客流量大了，租户的利润高了，租金自然有增长空间。反过来，管理人对购物中心的升级改造和业态组合管理，也与客流的增减息息相关。

商业地产运营最关注的因素包括区位、租金、租户和客户群等。

第一，区位问题。如何选址？交通便利度自然是考量的主要因素。与此同时，区域目标消费人群数量也不容忽视。究竟是选择省级、市级，还是四六线城市？是选择城市核心区域，还是近郊？这些都是值得思考的问题。

第二，业态问题。如何选择物业组合？精品超市、影院、娱乐、国际时尚服饰、餐饮等是否符合业态定位？规模体量要多大？

第三，目标客户群。青年？中老年？收入水平多少？客户群对时尚的态度是什么？这些因素必然会影响到业态选择和招商管理。要能对客户群需求做分析，观察业态、铺位表现，把握市场趋势。

建立消费者数据库，提炼出对品牌传播有帮助的策略和观点，为商场的租户提供更多经营上的指导。

第四，招商管理。选择哪些品牌入驻呢？哪些品牌更有号召力？与租户达成合作关系，选择最好的业态组合和最合适的品牌加入商场。分析租金增长机会点，利用租约到期产生的机会点来实现租金增长。

第五，宣传推广。外立面广告牌、立招、大屏幕LED等，均应基于租户和客户群需求进行内部业态、硬件设施和外立面的改造升级。

最后必须思考的一个问题是，实体门店如何应对电商冲击？如何发挥实体商店相对于线上消费的优势？

7.1.2 并购与定增

新加坡REITs上市后每年可进行两次定增。

在进行并购时，注意满足新加坡相关法律条文规定，比如如下内容：

其一，房地产开发活动总合同价值和用于未完成项目的投资仅在如下情况下可以超过不动产基金存置资产的10%（但不超过25%）：多出15%的允许额仅被用来对于已经持有3年以上的现存房地产进行翻新，并且不动产基金将在翻新结束后继续持有3年以上；不动产基金在普通会议上得到了参与人的特殊决议，通过该翻新计划。

其二，当提议的交易相当于或大于不动产基金资产净值的5%时，立即公告该交易并获得基金参与人会议的多数票。除作为基金参与人涉及的利益外，在商业、财务或个人方面与交易结果有利益关系的人士，不允许在批准该交易的决议中投票。

其三，如果不动产基金向关联方收购或处置资产时，管理人能得到一笔按百分比提成的业绩费，那么这笔业绩费需要以不动产基金单位的形式给出，价格为当时的市场价。这些基金单位在一年内不得出售。

以下通过凯德案例来说明定增与并购中的注意事项。

【案例】凯德零售中国信托[①]（英文简称CRCT）2011年通过定增和银团贷款融资来收购新民众乐园

2011年5月，CRCT受托人与卖方签订有条件的股份购买协议，以6980万新元的对价收购位于武汉的新民众乐园的全部股份的同时，承担原股东的所有债务。

两家资产评估机构给出新民众乐园的估值约为8027万新元、8123万新元。可见交易以折价实现。

此次并购总成本为7500万新元，包括支付股份对价6980万新元、管理人收购费110万新元、其他专业机构费用410万新元。此外，这里产生的基于每股派息增加的管理人绩效费用也会以份额支付。

并购资金来源包括股和债两部分（如下图7-2所示）：发行股份43287711单位，每单位1.27新元，其中42389644单位用于向凯德商用[②]及其附属子公司定增，898047单位用于以份额支付管

①凯德零售中国信托，英文全称为CapitaRetail China Trust，简称CRCT。

②凯德商用，英文全称为CapitaMalls Aisa Limited。

理人收购费（1年内不能出售）；从银团贷款现有额度中提取2000万新元。

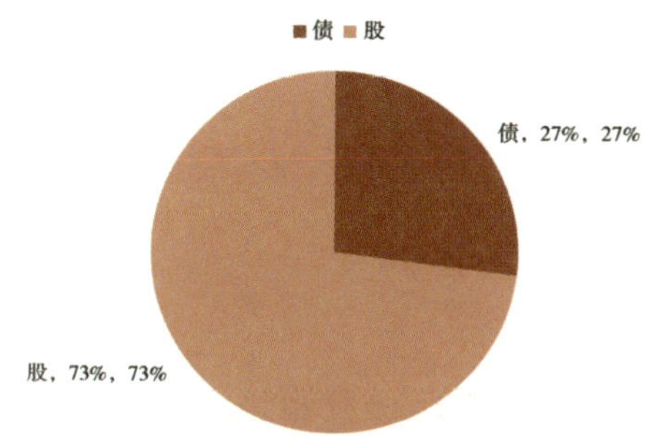

图7-2 凯德零售中国信托的债股占比示意图

下面，我们对上述案例进行分析。事实上，CRCT为此次并购制定了两个融资方案，并购资金来源可选择全部定增融资或部分定增和部分贷款，这对负债比率和股东的溢价收益有影响。选择第二个融资方案的话，负债比率前后变化为32.6%、32.2%。CRCT最终选择股债结合方案，出于对发挥资本结构功能的考虑，通过有效运营来增加投资者回报。

此次收购为股东带来了更高溢价收益。从每股派息收益率年化水平来看，原有组合6.5%，新民众乐园为8.8%；从每股派息来看，原有组合6.26新币，新民众乐园为6.37新币；符合管理人的投资和增长战略，收购后预测毛收益增长8.9%，净运营收入增长8.7%，资产规模增长6.4%。

除此之外，管理人还希望通过此次收购来提高在中国高增长的中部地区的覆盖度以及组合投资多样化。新民众乐园的竞争优势在于区位、多元化和高品质租户（393个，主租户包括麦当劳、肯德基、必胜客等），降低已有组合的租户和资产集中度。由于租约设置的关系，租金在未来两年到期后还有很大的上升空间。

最后，通过定增进一步提高了份额交易的流动性。

下表7－1及下图7－3为新物业资产与原有组合的关键指标对比。

表7－1 新物业资产与原有组合的关键指示对比一览表

类别 项目	原有组合	新民众乐园
总建筑面积（平方米）	537653	41717
租户数（个）	885	393
出租率	98.4%	90.6%
预测净运营收入（新元）	302011000	26279000
每股派息	6.26	6.37
最新估值	61.3亿新元	4.17亿新元

根据上市手册[①]第九章和集合投资计划准则不动产附录[②]的第五段落之规定，需要股东表决同意：CRCT与关联方产生交易，且交易价值不低于10万新元、不低于CRCT最新一期经审计后的有形

① 上市手册，英文全称为Listing Manual。

② 集合投资计划准则不动产附录，英文全称为Code onCollective Investment Schemes, PropertyFunds Appendix。

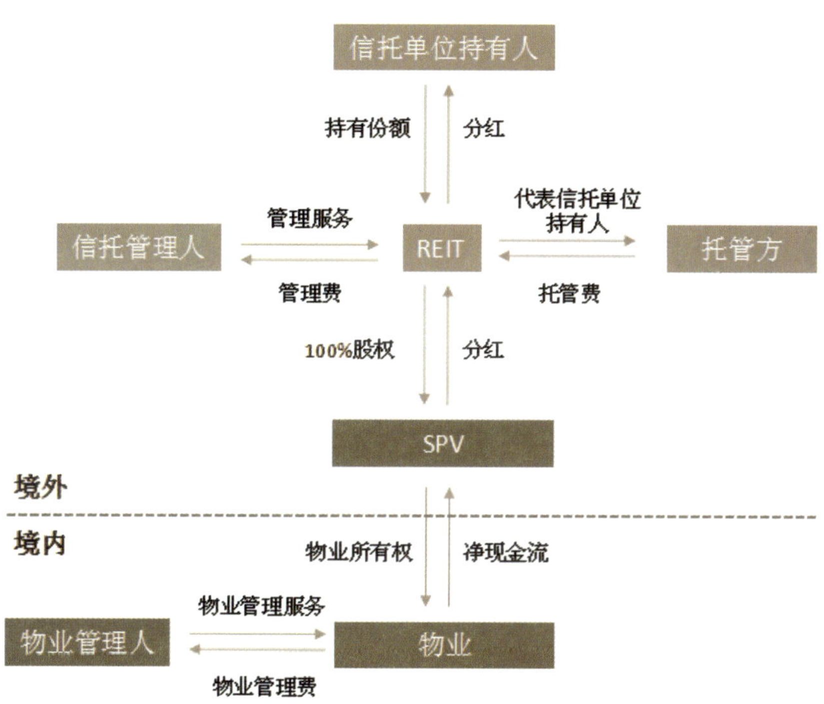

图7–3 新物业资产信托架构

资产净值[①]的5%。CRCT和子公司的有形资产净值为7.345亿新元，支付对价为6980万新元，9.5%大于5%，因此需要股东多数同意。

本案例构成关联方交易。凯德集团[②]通过控股凯德商用来作为CRCT和管理人的控股股东[③]，与此同时，卖方是凯德集团的间接全资子公司。因此，此次定增需要股东多数同意。

此次收购为管理人带来的收益包括：物业收购价格的1.5%作为收购费（以份额支付），基本费为物业资产价值的0.25%，绩效费为物业资产净运营收入的4%。

---

① 有形资产净值，英文全称为Net Tangible Assets。

② 凯德集团，英文全称为CapitalLand Limited。

③ 控股股东，英文全称为Controlling Unitholder。

7.2 REITs管理人与信息披露要求

7.2.1 REITs管理人的公司治理架构

在第五章，我们已经谈到REITs的几个主要参与方，其中最重要的包括REITs的管理人、受托人，以及物业管理人。REITs的组织架构如下。

1）REITs管理人

REITs的管理人无疑是最重要的角色之一，也是在日常业务中与发起人最相关的角色，许多发起人会通过REITs转型，成为房地产信托基金的管理人，也就是一个资产管理公司。那么，我们就需要对REITs管理人的组织架构、职责要求，有更深和更全面的理解，以便于规范公司的内部治理。

首先，对于REITs管理人有一些最基本的要求，例如，必须是新加坡注册的公司，在新加坡有固定的办公室，其控股股东在相关房地产投资领域至少有5年经验等。

此外，从公司架构来说，一般上市公司的公司治理模式都包括股东大会、董事会和监事会，REITs作为上市主体，在这三方面同样也有相应的要求。

REITs管理人董事会的职责有：

a. 指引管理人的战略方向。

b. 保证高管完成出色的领导责任，公正地为公司服务。

c. 保证REITs管理人满足组织架构、财务规定等一系列合规要求。

d. 监督内部控制系统，包括财务、运营、信息技术、合法合规、风险控制。

董事会需要至少每季度碰面一次，讨论REITs资产包的新收购和资产处置决策，REITs的融资和对冲，通过REITs的年度预算，以及评估REITs的表现。

那么董事会需要由什么样的人组成呢？根据新加坡队REITs管理人的法规要求，至少1/3的董事需要是非执行的独立董事，且董事会成员必须有10年以上工作经验和5年以上管理经验。

以北京华联REITs为例，其董事会包括6名成员，其中3名独立董事，3名非执行董事。各位董事在会计、审计、银行、基金等领域都有20年以上的从业经验。而在相关房地产领域的工作经验上，3名非执行董事均曾担任发起人，也就是北京华联的高管，在零售地产的管理方面有着丰富的经验。可见，董事会的组成既需要来自于金融、基金、法律、审计领域的人才，也需要有地产领域的人才，更喜欢复合式的专业或从业背景。

董事会理论上应当设置审计/风控委员会和提名/薪酬委员会。如果不设置提名/薪酬委员会，需要有严格的信息披露制度。审计/风控委员会主要负责审查年报、委任外部审计师，以及审核关联交易等事务。提名/薪酬委员会则负责制定业绩评估方案，确认董事们的胜任能力，审核薪酬方案等。

同样，董事会与高管之间需保持独立性。

2）REITs管理人的高管（执行官）

REITs的高管（执行官们），大多数曾任职于发起人的公司，因此对REITs资产包中的物业有更深的了解。高管们的工作包括日常对REITs资产的管理，包括融资、投资方案的设计策划等。高管们需要受到董事会的监督。

3）REITs管理人的收入组成

REITs管理人的收入一般由三部分组成，即基础费+业绩费+资产收购/处置/翻新费。

基础费用大多数按照REITs当期财政年度可分配收入的固定比例计算，一般是10%。当然，也有一些是用资产估值的百分比计算，例如凯德中国CRCT的REITs基础费，就是资产当期市值的0.25%。

业绩费，顾名思义，是评价管理人的表现。衡量业绩最重要的指标是DPU，也就是单位可分配收入。以北京华联REITs为例，其业绩费的计算方式如下：本财政年度较上一年的DPU（单位缺陷数）增加值的25%，乘以当年流通在外的总基金单位数。例如今年的DPU为5.1元，去年DPU为5元，在外流通的平均总单位数为10000股，那么，业绩费就是0.1×0.25×10000，也就是250元。

资产的收购/处置/翻新费主要是针对REITs管理人主动进行资产包管理而给予的激励费用。计算方式及比例可以自行协调。同样来看北京华联的计算方式。如果是收购关联方资产，管理费是收购价款的0.75%，收购非关联方资产，管理费是收购价款的1%，资产处置费用为价款的0.5%。如果是资产翻新，则管理费可以占到总成本的3%。当然，具体的费用比例是由REITs董事会制定的，并需进行详细的信息披露。

管理人的收入形式可以是现金，也可以是基金单位。基金单位的支付形式，可以激励管理人更好地为基金服务。

7.2.2 REITs信息披露的要求

REITs在新加坡主板上市，要符合新加坡主板对信息披露的基本要求，在这里我们重点介绍招股说明书与年报中需要涉及的内容。

1）招股说明书

REITs发行的第一步就是发布公开招股说明书，这可不是件容易的工作。招股说明书的页数一般都在600页以上，全部是英文文件，对于各类信息都有完全的披露。可以说，读完招股说明书，投资者对于REITs的现状有了较为清晰的认识，可以作出投资决策了。因此，招股说明书中的信息披露要求也是非常多，一般会有一个标准化的模板。

有哪些是法律特别规定要在招股说明书中表明的呢？具体如下：

a. 投资不动产基金的特殊风险声明。就是要告诉投资者，我们和一般基金不一样，多样化不如别的基金强，负债率可能比别的基金高，估值可能有主观性，底层资产的流动性不强，因此，赎回请求不一定能迅速实现。总之，就是丑话先说在前头，投资我们有风险哦，需谨慎。不过说实在的，投资REITs的人一般都是专业投资者，人家哪里会不知道呢，所以本条其实是一个基础要求。

b. 每一项从REITs中支付的款项。最主要的是管理人的费用，比如基本费用、业绩费、收购费、处置费、翻新费等，每条每项都要汇报得清清楚楚，不能让REITs的管理人中饱私囊。

c. REITs管理人与基金之间的管理协议，包括出现协议中止时的赔偿条款等。

d. 预测收益率中如果存在增加短期收益、稀释长期收益的安排，一定要明确告知。最典型的例子就是上市前几年发起人作为大股东放弃分红收益权的安排。出现这种情况一般是因为物业还处于培育阶段，尚不能满足可分配收益率的需要，为此做出大股东在最初几年放弃分红的暂时性的安排。这些情况需要在招股说明书中披露，并且明确指出，如果不存在这种安排，各项收益指标会是什么样子，以便让投资者充分意识到投资风险。

我们可以看一下典型招股说明书的各章目录构成：投资者注意事项、前景声明、特定名词、市场行业信息、概览、风险、募资去向、份额持有人、分红、汇率信息、融资结构、未经审计的估算财务信息、财务分析、盈利预测、资产概况、战略、业务与物业、管理人与公司架构、发起人、REITs的组织结构、特定协议、中国境内法规、税收情况、分红计划、清算计划、相关专业机构人员信息、术语索引。另外，附录中还要包括完整的财报审计信息、报税清单、估值报告、独立市场研究报告、高管名单等。

所以，可见REITs的招股说明书，就是对REITs的一个完整的X-ray透视。

2）REITs的年报

作为上市主体，最需要提交的材料就是每年的年度报告。对于REITs年报的内容，新加坡法律也有着明确的规定。主要内容包括：

a. 该财政年度所有房地产交易的详细资料。

b. 目前持有资产的详细资料，包括位置、估值、出租率、租金水平、剩余租期等。

c. 物业租户资料，包括总数、重点租户、重点租户的租金占比。

d. REITs投资的非房地产资产的详细情况。

e. REITs负债中的借款以及递延付款的情况。

f. 财务资料：财报、全部经营费用、净资产、DPU以及实际DPU与预测DPU偏离如果较大，需要解释原因。

g. 分红计划。

h. REITs运营和基金份额交易的情况。

投资者会根据REITs年报中披露的信息，来决定是否对REITs进行后续的投资。可以说，REITs的年报就是REITs的成绩单。

7.3 如何处理可能的风险

7.3.1 上市后的股价波动影响

衡量REITs盈利能力的一个指标是每基金单位的可分配收入，这个由REITs运营的景气程度决定。而另一个最被投资者关注的指标则是分配收益率，指的是每股可分配收益/股价。

这样，衡量盈利能力的指标就与股价波动有关。当投资者认为REITs很有投资潜力的时候，REITs的每单位价格会走高，因此，为了保证达到投资者要求的可分配收益率，REITs就需要创造出更多的可分配收益。也就是说，当股价走高，REITs一方面享受更充裕的后续融资资金保证，发起人手中的REITs份额更加“值钱”；另一方面也要承受更大的盈利压力，来达到投资者预期。

当REITs的股价走低，对于持有REITs份额的发起人来说，首先是资产贬值，但是这也意味着当物业资产没有变化时，REITs可以更轻松地达到预期的回报率，增强资本市场的信心。

举个例子，假设REITs的资产是没有变化的，可以产生每股1元的可分配收益。当REITs的股价是10元时，REITs的分配收益率是10%；当REITs的股价是20元时，REITs的分配收益率就是5%了。

所以，总结来看，REITs股价的升高和降低对于REITs来讲有什么利弊呢？显然，REITs股价升高时，REITs会有更好的知名度，可以进行更好的后续融资。

而REITs股价降低时，会降低投资者信心，但与此同时，REITs也可以更容易达到预期的收益率。

对于REITs的管理人来说，很大程度上，业绩费的获取是用REITs基金单位进行支付的，同时REITs管理人是为REITs持有人的利益服务，因此REITs的长远目标，当然是保持稳步增长的股价。

那么，面临的一个问题是，当股价增长过高，或者REITs当年运营情况不佳时，导致REITs当年的可分配收入不足以覆盖保证期望的投资收益率时，有什么可行的解决办法呢？一般来讲，为了增加投资者信心，有以下几种方法：

其一，大股东放弃部分分红的权利。这一点可以在REITs的招股说明书或者年报中说明，把自己的分红权让给其他投资者。当然这种放弃权利是有年限和条件限制的。主要目的是为了稳定投资者信心。

其二，REITs发起人对REITs进行增信担保。这种增信或是通过主力租户协议实现，或是通过REITs发起人签署“当分配收益率过低时，进行担保补足”的协议来实现。以运通网城为例，其发起人富春集团就与REITs的资产物业签订了主力租户的协议，用高于市价的租金租赁该REITs资产包中的物业，以保证其收益。

当然，这些安排都需要有相应的详细信息披露，且只能是短期的解决方案。长期来看，REITs的增长还是要依靠其物业运营和资产管理能力，真正提升REITs的物业价值。

7.3.2 上市后的汇率波动影响

目前在新加坡发行的REITs币种以新加坡元为主，那么问题来了，汇率波动猛于兽，如何更好地顺应投资者对汇率风险的担忧？事实上，根据新交所相关规定，发起人还是可以根据其资产所在国，发行以该国货币计价的REITs或以新加坡元和该国货币计价的双货币REITs。

再说，即使REITs的币种是新币，REITs仍可以通过远期结汇、汇率掉期等操作来锁定汇率，实现套期保值。中国REITs可以通过内保外贷来规避人民币对新加坡元的短期贬值，即在中国境内存人民币，由境外银行发放新加坡元贷款用于支付境外贷款利息和分红，待人民币兑新加坡元汇率好转时再进行换汇。

第八堂课　前辈们混得怎么样了

8.1 凯德：私募+地产的天之骄子

8.1.1 概况

2006年12月8日，凯德商用中国信托[①]（以下简称CRCT）在新加坡挂牌交易，是新加坡第一个专注于中国零售型房地产的信托投资基金，其目标是长期投资于由中国零售商场组成的多样化资产组合。CRCT最初的物业资产包括中国5个城市的7所零售商场，分别是北京的望京购物中心、九龙购物中心和安贞华联商厦，上海的七宝购物中心，郑州的郑州购物中心，呼和浩特的金宇购物中心和芜湖的嘉信茂广场。该资产包价值约6.9亿新元，总可出租面积约为41.3万平方米（如下表8-1所示）。

① 凯德商用中国信托，英文全称为CapitaRetail China Trust。

表8–1 凯德商用中国信托情况一览表

上市日期	2006年12月8日
发起人	凯德集团
国家	新加坡
发行规模： 机构/个人	193300000股（执行绿鞋条款[①]前） 222100000股（执行后）
派息率	预计2007年为5.4%，实际2007年为6.0%
定价	1.13新元/股
发行金额	2.51亿新元
限卖期	发起人和战略投资者所持有的全部股权在第一锁股期内不能卖掉。发起人和战略投资者所持有的50%股权在第二锁股期内不能卖掉

数据来源：CRCT招股书。

从2007年至2016年，CRCT房地产净收入从4650万新元增至1.397亿新元，复合年增长率达13.0%；每单位派息则从6.72新分增加至10.05新分。从上市至今，CRCT为投资者创造了99.5%的总回报，其中包含凯德商用中国信托自首次公开发售至2016年12月31日的所有每单位派息与资本增值。也就是说，如果你从2006年12月8日起投资500万新元于CRCT的话，到现在为止净赚了近500万新元（如下图8–1、8–2所示）。

---

① 绿鞋条款：由发行人授予主承销商的超额配售选择权。

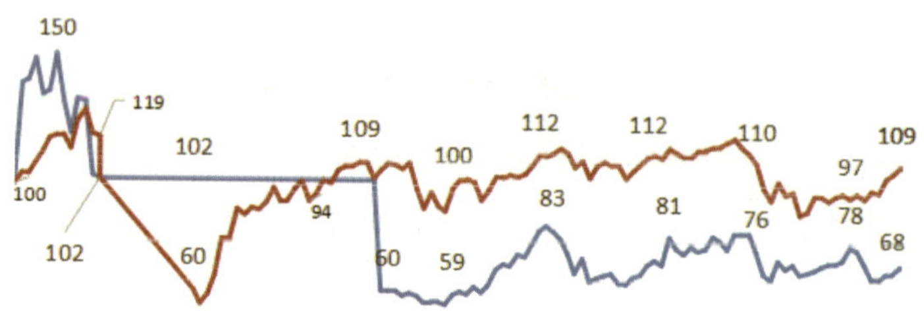
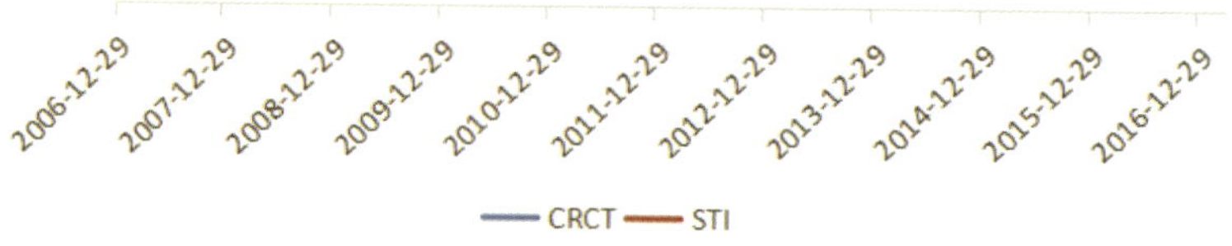

数据来源：WIND。

图8-1 CRCT与海峡指数STI的历年走势

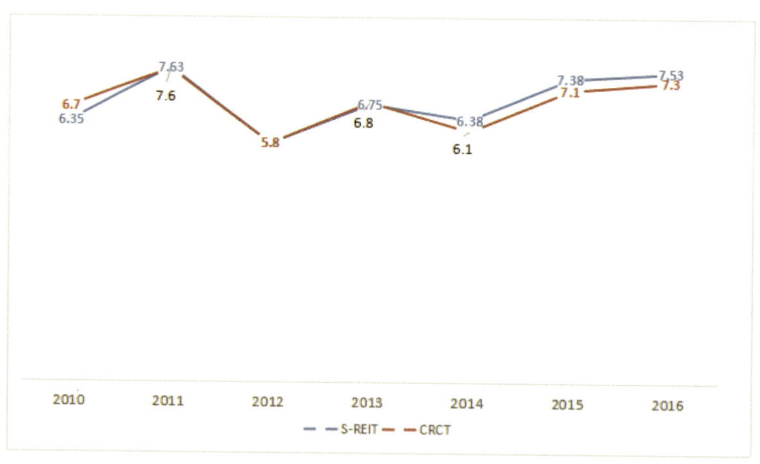

数据来源：Bloomberg。

图8-2 CRCT与新交所REITs整体派息率的历年走势（单位：%）

8.1.2 背景

1）CRCT发起人

CRCT发起人——凯德集团是亚洲最大的房地产基金管理者之一，核心业务包括房地产、服务型公寓以及房地产金融服务；地理分布跨越亚太、欧洲和海湾合作委员会（海合会）国家，业务遍布20多个国家和地区的120多座城市。集团旗下共管理5支REITs和16支私募基金，资产总值逾450亿新元。凯德集团注资中国业务的REITs有2支，资产总值约297亿元人民币；私募基金有12支，总规模约83.95亿美元。

2016年，凯德集团收入52.5亿新元，税后净利润11.9亿新元；在中国区的物业资产达196亿新元，占集团总资产的44%。在中国区拥有66个购物中心，其中56个已投入运营，净物业收入同比增长5.2%，租户销售额同比增长10.2%。

曾有人说，凯德集团是房地产界的巨无霸，那么它的发展壮大跟REITs有什么关联呢？如下表8-2、下图8-3所示。

表8-2 凯德集团所属基金概述一览表

基金	金额	范围	地点	状况
私募基金类				
凯德中国发展基金I	4亿美元	住宅	中国	2005年10月截止认购
凯德商用中国入息基金 II	4.25亿美元	已营运的商用房产项目	中国	2006年6月截止认购

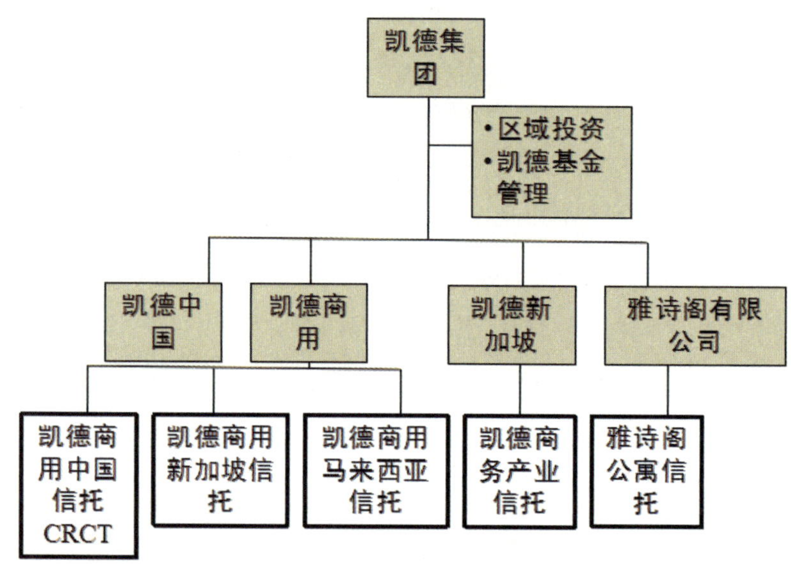

图8-3 凯德集团架构图

（续表）

凯德商用中国入息基金	9亿美元	已营运的商用房产项目	中国	2011年5月截止认购
雅诗阁（中国）服务公寓基金	5亿美元	具有资产升值潜力的服务公寓项目	中国	2007年6月截止认购
凯德商用中国入息基金III	9亿新元	已营运的商用房产项目	中国	2007年9月截止认购
凯德商用中国发展基金Ⅲ	10亿美元	项目开发，以购物中心为主	中国	2012年6月截止认购
凯德中国发展基金II	2.4亿美元	住宅	中国	2008年7月截止认购
来福士中国基金	11.8亿美元	来福士商业综合体项目	中国	2010年4月截止认购
长宁来福士合资基金	10.3亿新元	来福士商业综合体项目	中国	2010年12月截止认购
朝天门地产信托	11.2亿新元	优质商业综合体	中国重庆	2011年11月截止认购
凯德乡镇发展基金I①	2.5亿美元	住宅开发	中国	2008年12月截止认购
凯德乡镇发展基金II②	2亿美元	住宅开发	中国	2013年3月截止认购
来福士中国投资伙伴III	15亿美元	高品质综合体	中国	2016年10月成立
房地产类信托				
凯德商用中国信托	15亿新元	商场	中国	2006年12月截止认购

资料来源：CRCT官网。

① 凯德乡镇发展基金I，英文全称为CapitaLand Township Development Fund I。
② 凯德乡镇发展基金II，英文全称为CapitaLand Township Development Fund II。

2）轻资产的战略转型

2000年11月，嘉·置地（后改名为凯德）成立，总资产达180亿新元，成为东南亚最大的房企。由于新加坡本土市场空间小，同时亚洲金融危机对“拿地—开发—出售”的传统盈利模式带来冲击，在低回报、高负债的背景下凯德集团提出“轻资产战略”的战略转型。2001年发行首支REITs（凯德商用新加坡信托），把集团在新加坡的3个商场装进信托篮子里。2003年发起以新加坡本土零售物业为主的私募基金，用于给凯德商用新加坡信托输送物业。也就是说，凯德集团在2003年便萌生了让基金与REITs配对的念头。2003年，凯德集团开始大举进军中国住宅业，隔年发起专注于住宅的私募基金。2005年发起中国发展基金，收购35家购物中心。2006年，随着CRCT上市，凯德集团开始有针对性地在中国配对基金和REITs。2008年产生了一大配对成果——凯德集团将旗下私募基金培育的西直门购物中心注入CRCT。

与此同时，凯德集团浩浩荡荡地执行其被誉为“集中，平衡，规模”的发展战略。“集中”意味着专注房地产行业的开发、投资和金融，打造核心竞争力。“平衡”主要体现在区域、业务、盈利模式、现金流四方面。“规模”表示凯德在中国长期发展所需要达到的规模效应，确保成本控制和品牌建设。通过与国内知名企业结成战略合作伙伴关系，如深国投、北京华联集团[①]、香港丽丰控股

① 2015年12月，华联商业信托（BHG REIT）在新交所挂牌上市，笔者猜测其受到凯德发展思路的启发。

和成都置信等，凯德集团进入中国商业地产市场，规模化地拓展了住宅业务。

3）“私募+地产”的商业模式

凯德集团为不同风险偏好的投资者匹配恰当的房地产投资类型，形成“私募+地产”两条腿走路的全产业链商业模式。在这种商业模式中，私募基金和REITs只是作为融资手段、资本运作的辅助与退出通道，核心在于地产。通过投资管理、房地产金融平台及招商运营，以金融资本为主导，以商业地产开发收购、运营管理为载体，在实现稳定的租金收益和持有项目增值收益的同时，也带来了金融业务发展的跳跃性高收益（如下图8-4、8-5所示）。

在这种盈利模式中，私募基金为物业开发或收购提供资金支持，也发挥REITs孵化工具的作用；REITs为私募基金提供退出渠道。私募基金与REITs相互间的支持与配合成为模式盈利的关键，从开发或收购到持有，从培育到上市套现，在体系内形成了闭合产业链条。凯德资产管理公司对私募基金和上市基金的参股和控股使资本运作的风险得到控制。除此之外，基金工具随着房地产业务规模的持续扩大，也能实现不断创新的可能性。

8.1.3 CRCT详情

1）上市概况

2006年12月，CRCT在新交所上市，以每股1.13新元的价格共筹集资金2.51亿新元。战略投资者包括零售皇冠私人投资有限

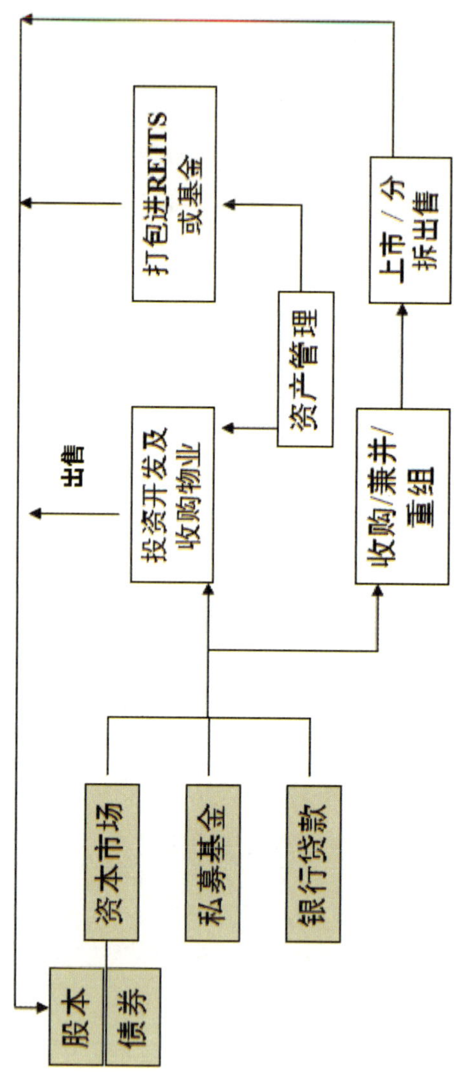

图8-4 凯德集团“私募+地产”的商业模式示意图1

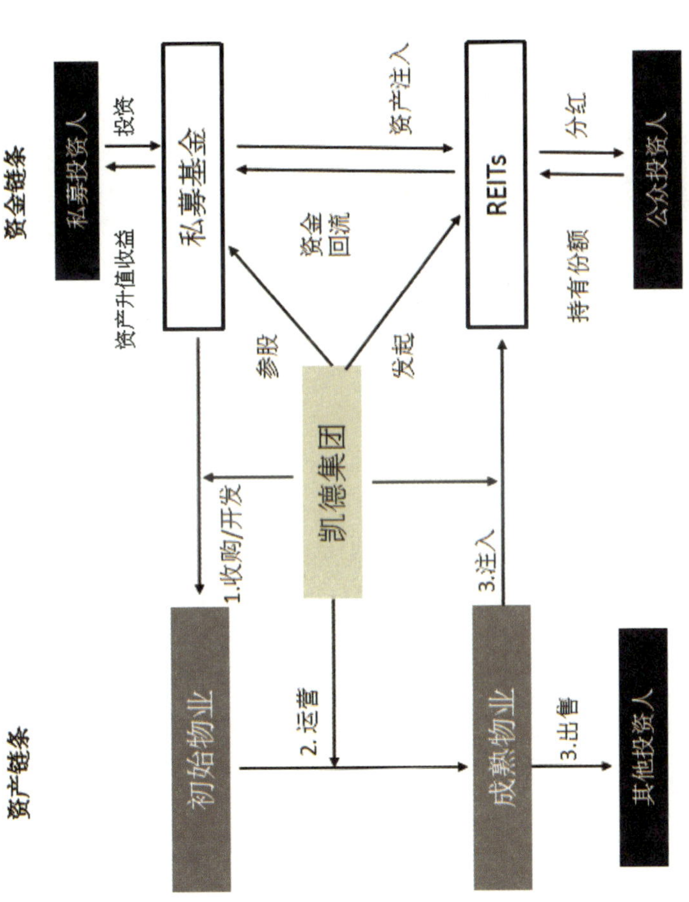

图8-5 凯德集团“私募+地产”的商业模式示意图2

公司[①]、零售皇冠有限公司[②]（英属维尔京群岛离岸公司）、凯德商用新加坡信托[③]、荷兰保健退休基金[④]和大东方[⑤]。其中，发起人通过旗下子公司间接全资持有零售皇冠私人投资有限公司和零售皇冠有限公司股份。由于公开发行的份额全由零售皇冠有限公司提供出售，因此CRCT并未收到此次公开发行的任何资金。管理人相信CRCT本身的营运资金以及此次基金发行的银团贷款足以支撑发行后12个月内的营运资本要求（如下表8-3所示）。

表8-3 CRCT上市情况一览表

<table>
<tr><th colspan="4">上市前份额</th><th colspan="3">上市后份额</th></tr>
<tr><td colspan="2">战略投资者</td><td colspan="2">100%</td><td colspan="3">59.40%</td></tr>
<tr><td colspan="2">公众投资者</td><td colspan="2">0%</td><td colspan="3">40.60%</td></tr>
<tr><td></td><td>零售皇冠有限公司</td><td>零售皇冠私人投资有限公司</td><td>凯德商用新加坡信托</td><td>荷兰保健退休基金</td><td>大东方</td><td>公众投资者</td></tr>
<tr><td>发行前单位</td><td>222100000</td><td>95130513</td><td>95100000</td><td>47600000</td><td>15700000</td><td>0</td></tr>
<tr><td>发行后单位[⑥]</td><td>28800000</td><td>95130513</td><td>95100000</td><td>47600000</td><td>15700000</td><td>193300000[⑦]</td></tr>
</table>

数据来源：CRCT招股书。

① 零售皇冠私人投资有限公司，英文全称为Retail Crown Pte. Ltd。

② 零售皇冠有限公司，英文全称为the Vendor。

③ 凯德商用新加坡信托，英文全称为CapitaLand Mall Trust,简称CMT。

④ 荷兰保健退休基金，英文全称为PGGM。

⑤ 大东方，英文全称为Great Eastern。

⑥ 假设发行后未执行绿鞋条款。

⑦ 含为发起人及其子公司的董事、高管、员工及业务合作伙伴保留的份额11000000单位。

2）组织架构

2006年7月之前，海外REITs持有境内资产有两种方式：其一是境外公司直接持有境内物业，如2005年在香港上市的越秀REITs所采用的离岸模式；其二是境外公司持有境内公司（如外商独资企业），再由后者持有境内物业。但自从“171号文”《关于规范房地产市场外资准入和管理的意见》颁布后，基于“境外机构和个人在境内投资购买非自用房地产，应当遵循商业存在的原则，按照外商投资房地产的有关规定，申请设立外商投资企业”的相关规定，结构简单、税务较轻的离岸上市模式已不再适用。

在此背景下，CRCT采用相对复杂的双层结构，即通过离岸（巴巴多斯公司）和在岸（境内项目公司）的两级特殊目的公司持有内地物业（如下图8-6所示）。在本案例中，每个项目公司持有一处物业。这也成为往后企业REITs境外上市的参考模式。为什么要在巴巴多斯设置一个离岸公司？为什么要把交易结构设计得如此复杂？技术活交给技术人员，你只要记住一句话就好——“一切复杂的交易结构都是出于税务筹划的考虑”。

3）物业运营

从上市至2016年年底，CRCT的物业资产从7处增加至11处；资产价值从6.889亿新元增长3倍，至26.284亿新元。凯德集团深谙物业运营的奥秘，我们来看看数字的背后隐藏着哪些宝藏？

对此，可换一个问题来考量、发问：如果我手上有一批区位要素还不错的商业物业，怎么做才能让它们更有吸引力？CRCT旗下物业基本上位于国内一二线城市的核心区域，它非常精明地通过租

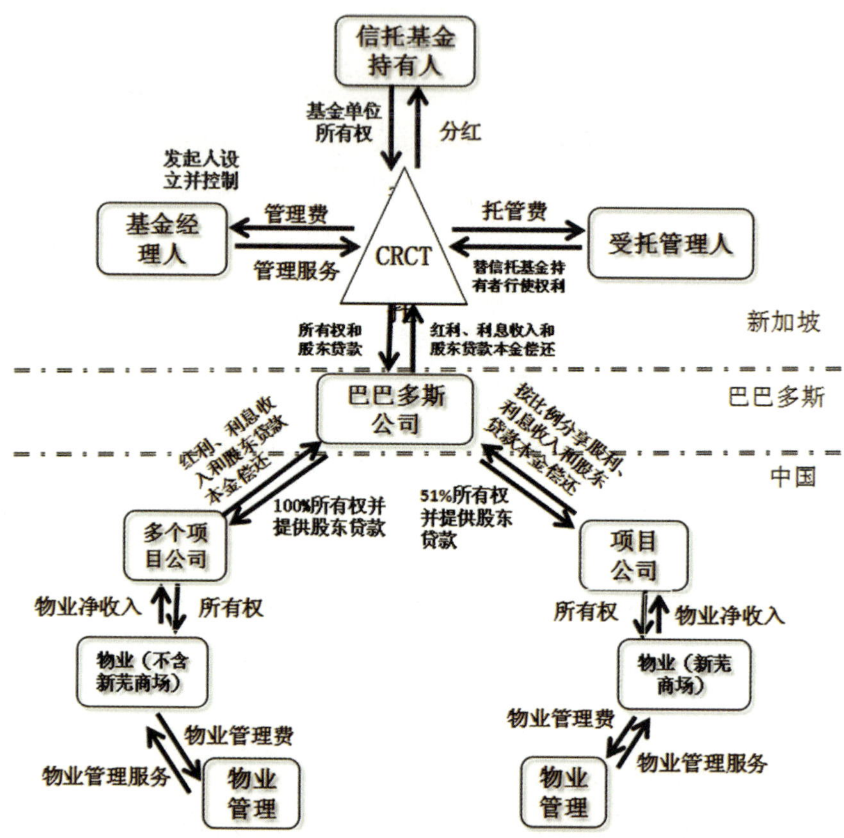

图8-6 CRCT上市组织架构图

金递增条款来保障租金收益的稳定性，使物业具备高品质特色。除了租金条款外，CRCT还根据租户结构和运营状况对旗下物业做了灵活划分，物业类别包括多租户购物商场、单一租户购物商场以及处于调整期的商场，每种类型的商场采取不同的运营策略。此外，CRCT还通过4项战略性收购项目进一步增加市值，即凯德MALL-西直门、凯德新民众乐园、凯德MALL-大峡谷和凯德广场-新南（旧称凯丹广场），并辅以精准的资产翻新和转型计划创造价值，例如改造凯德新民众乐园，以及将凯德MALL-赛罕的租户类型从单一租户转变为多租户。

由下图8-7及下表8-4可知，由于CRCT管理人的出色运营，11座购物中心均实现了投资增值。由于新民众乐园和芜湖处于调整期，其客流量以及对应的收入占比相对较低。

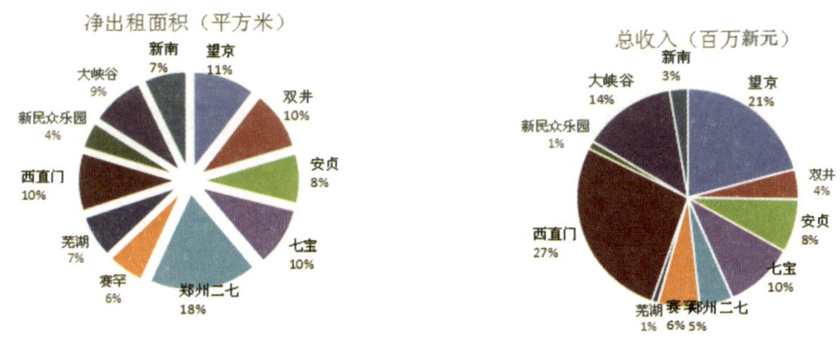

图8-7 CRCT运营资本情况示意图

4）财务表现

自2006年IPO起，CRCT毛收益和净物业收入的复合年增长率高达13%，运营收益增长较好，结合资产投资增值的数据可知，其

表8-4 CRCT资产运营情况一览表

内容 项目	城市	收购日期	总建筑面积（平方米）	净出租面积（平方米）	出租率	市价（百万新元）	购买价（百万新元）	投资增值
望京	北京	2016.12	83,768	53,959	99.60%	2,285	1,102	107%
双井	北京	2016.12	49,526	51,227	100%	573	414	38%
安贞	北京	2006.11	43,442	43,442	100%	1,001	772	30%
七宝	上海	2006.11	83,986	51,176	94.10%	495	264	88%
郑州二七	郑州	2006.12	92,356	92,356	100%	631	454	39%
赛罕	呼和浩特	2006.12	41,938	30,984	100%	445	315	41%
芜湖	芜湖	2006.11	59,624	36,550	64.40%	207	130	59%
西直门	北京	2008.12	83,074	50,278	97.80%	2,951	1,851	59%
新民众乐园	武汉	2011.6	41,717	22,731	93.60%	525	395	33%
大峡谷	北京	2013.12	92,918	45,348	96.60%	2,068	1,102	88%
新南	成都	2016.9	91,816	36,190	98.20%	1,527	1,500	2%

物业资产的收购活动收效优异。与此同时，运营收入利润率一直维持在65%左右的水平，规模效应未通过体量增长而有所体现，未来增值管理的运营空间巨大。相较于IPO时点，CRCT的物业资产市值总增长率为264%。CRCT的每单位派息逐年呈波动上升的趋势，派息率稳定在6%以上的水平（如下图8-8、8-9、8-10所示）。

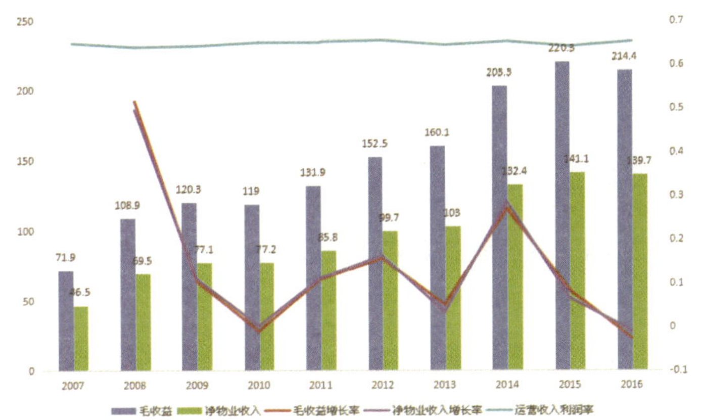

数据来源：CRCT年报。

图8-8 CRCT收益示意图

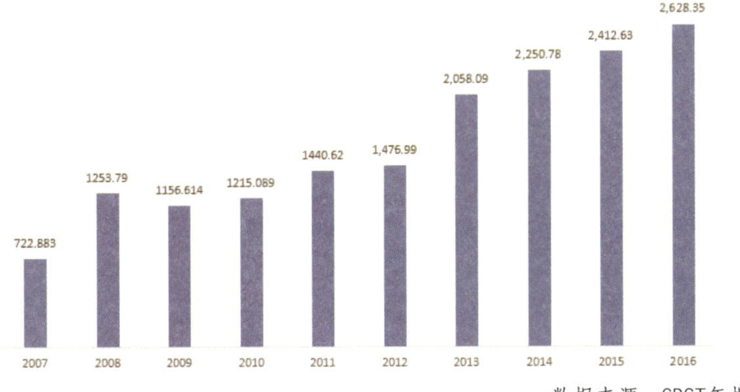

数据来源：CRCT年报。

图8-9 CRCT资产总估值示意图

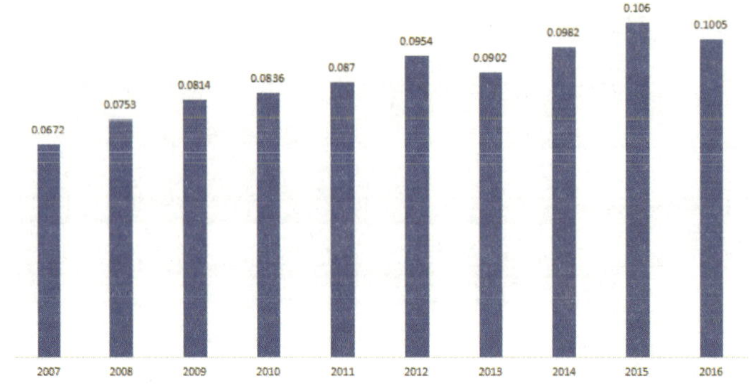

数据来源：CRCT年报。

图8-10 CRCT每单位派息示意图

8.1.4 REITs上市给凯德带来了什么好处

1）股权溢价融资

CRCT在2007年刚发行时受到热捧，P/B（市净率）达到2.13倍，P/E（上市公司市盈率）达到28.67倍，实现了股权溢价融资。2008年受经济危机影响，PB/PE大幅回落，2010年后恢复正常，P/B维持在1倍以内，P/E从2013年起呈上升趋势（如下表8-5所示）。

表8-5 CRCT的P/E和P/B情况一览表

年份 类别	2007	2008	2009	2010	2011	2012	2013	2014	2015	2016
P/E	28.67	9.38	31.25	12.05	6.31	8.40	7.39	8.97	10.64	11.42
P/B	2.13	0.48	1.97	1.84	0.86	1.26	0.90	0.99	0.84	0.83

2）建立融资平台，进行业务扩张

表8-6 CRCT历年定增情况

类别 / 年份	发行单位（亿）	发行单价（新元）	发行金额（亿新元）
2006	4.75	0.98	4.67
2008	1.38	1.36	1.88
2011	0.60	1.17	0.7
2012	0.57	1.51	0.86
2013	0.51	2.75	0.68
2014	0.18	3.28	0.29
2015	0.12	2.96	0.18
2016	0.14	1.51	0.22
2017	0.15	1.38	0.21

数据来源：CRCT官网公告。

到目前为止，凯德集团已成功利用私募+REITs的配合模式把西直门、大峡谷等多处物业装进REITs资产篮子中（如上表8-6所示）。其中负责培育物业的境内私募基金包括凯德商用中国发展基金和凯德商用中国孵化基金，在实现项目退出的同时获得了较高的溢价收益。根据CRCT2006年招股说明书中描述的并购地图，目前仍处于私募基金培育期的物业数有近16处。

西直门购物中心是其中一个物业资产从私募基金转移至公开上市的经典案例。2006年5月，凯德商用中国产业孵化基金以13.2亿元的对价从金融街建设处买入西直门购物中心一期，并投入1.5亿元用于资产规划、设备重整和租赁运作。改造后的西直门购物中心于

2007年9月15日开始试营业，2007年10月CRCT宣布准备以3.36亿新元（约17亿元）的价格收购西直门一期，通过股票增发以每股1.36新元的价格筹集1.88亿新元，再辅以贷款来解决其缺口。REITs收购价格比当初孵化基金的收购价高出约30%，把凯德商用的后续改造投入考虑在内，这次转手的溢价仍高达16％。2008年2月，收购交易完成。

3）降低融资成本

2015年之前，新加坡金融管理局规定杠杆率上限为35%，在具备资信评级的前提下可提升至60%。在此规定下，CRCT一直将杠杆率维持在30%左右。2015年后，金融管理局采用新的统一杠杆率45%取代原来的35%/60%规则。此规定有利于REITs进行积极的资产投资组合管理，在避免一味增发而摊薄股权的情况下更大限度地利用杠杆工具，以提升公司企业价值。由此，CRCT在2016年的杠杆率顺势调整至35.3%。

CRCT在过去5年来的债务中有七成为固定利率负债，综合债务成本一直控制在3%以下（如下图8-11、8-12所示）。

4）轻资产运营，盘活资金

借助REITs结构，凯德集团通过将成熟商业项目持续注入套现，大大减少商业项目中的资金沉淀，充分提高资金利用率。对此，请参考本堂课8.1.2的内容。

5）拓宽收入来源

发起人凯德集团的主要收益来源包括REITs套现收益、分红收益及管理费收入。由于为CRCT提供资产管理和物业管理的公司皆

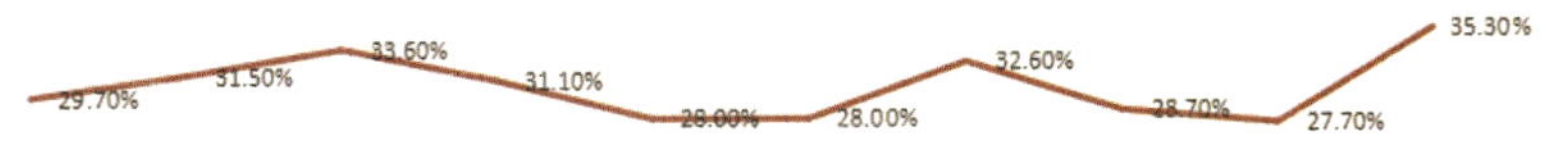

图8-11 CRCT过去5年的杠杆率变化示意图

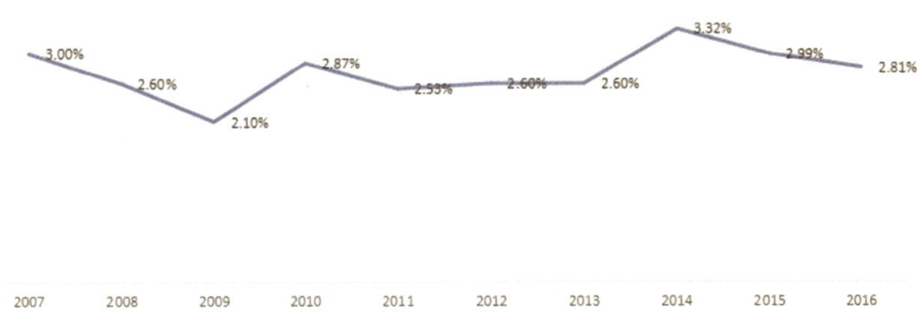

数据来源：CRCT年报。

图8-12 CRCT过去5年的平均债务成本变化示意图

为凯德集团的子公司，凯德集团在持有物业资产一定比例权益的基础上，除了能获取租金和升值收益外，还可以通过提供基金管理服务和物业管理服务收取费用。下表8-7为管理费明细。

表8-7 CRCT管理费用明细表

费用类别	费用名称	条件与金额
资产管理费	基本费用	CRCT持有物业价值的0.25%，按年支付
	基金提成费	CRCT净收入的4%，按年支付

（续表）

资产管理费	授权投资管理费	CRCT投向非房地产的授权投资金额的0.5%，按年支付
	收购费	CRCT授权投资物业收购价格的1%～1.5%
	处置费	CRCT授权投资物业处置价格的0.5%
物业管理费	物业管理费	一般为每个物业总收入的2%，按年支付

8.1.5 小结

作为拥有全产业链价值优势的地产巨无霸，凯德集团进入中国20年以来，堪称中国商业地产行业翘楚。相比受制于资金层面而无法大规模持有商业的国内地产商，凯德集团走出了一条轻资产运营的独特道路。借助私募基金和REITs，凯德建立了充裕的资金平台，通过资本运作形成商业地产领域的规模效应，塑造了自身特有的竞争优势。

8.2 开元酒店集团：马不停蹄的酒店王国

8.2.1 概况

2013年7月10日，开元产业信托在港交所主板上市，是全球第一个中国的酒店REITs。挂牌价为3.5港元，总集资额约6.75亿港元。上市日的物业资产包括开元集团旗下5家自持酒店物业，包括杭州开元名都大酒店、杭州千岛湖开元度假村、宁波开元名都大酒店、长春开元名都大酒店4家五星级酒店，以及浙江开元萧山宾馆1家四星级酒店。该资产包价值（开元集团应占权益估值）约为43.82亿元，总建筑面积为321090平方米（该集团情况如下表8-8、下图8-13所示）。

表8-8 开元产业信托情况一览表

上市日期	2013年7月10日
发起人	开元集团
国家（地区）	中国香港
发行规模	468914000（招股书），193000000（实际）
派息率	预计2013年为7.81%（在考虑放弃分派的影响前）、9.15%（在考虑放弃分派的影响后）；实际2013年为9.28%（在考虑放弃分派的影响后）
定价	3.5港元/股
发行金额	6.75亿港元
限卖期	向开元产业信托转让SPV全部股权以获取信托份额的浩丰国际、伟良国际和凯雷蓝天所持有的全部份额，且在上市后的12个月内不能卖掉

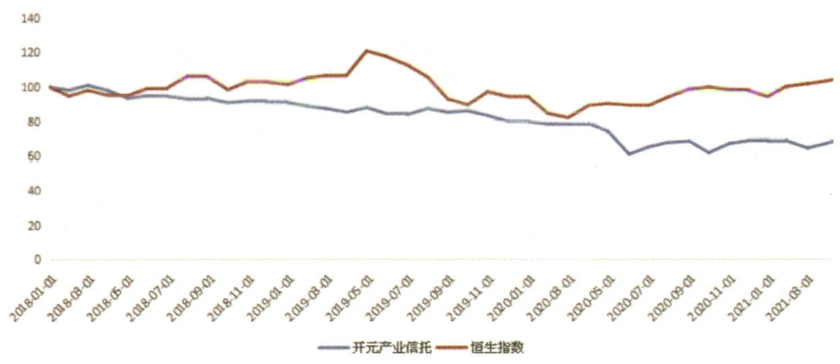

数据来源：WIND。

图8-13 开元产业信托市价与恒生指数走势图

8.2.2背景

1）发起人

开元产业信托发起人——开元酒店集团起步于1988年开业的浙江开元萧山宾馆，是全球酒店集团30强，国内最大的民营星级酒店集团①。开元酒店集团拥有开元名都、开元度假村、开元大酒店、开元文化主题酒店、开元·曼居酒店5个成熟品牌，以及开元名庭、开元芳草地乡村酒店、开元房车度假营地、开元森泊度假乐园、开元颐居等5个建设中品牌。

目前公司管理和签约的酒店逾230家，客房总数逾6万间，分布在北京、上海、浙江、江苏、天津、河北、河南、山东、山西、黑龙江、吉林、辽宁、内蒙古、陕西、湖北、湖南、安徽、江西、

① 根据中国旅游饭店业协会报告，比较基准为运营中或发展中的酒店数量。

四川、广西、云南、新疆、贵州、福建、海南等中国25个省、直辖市、自治区以及德国法兰克福市、荷兰埃因霍温市。

2）经营战略

开元集团原拟于2005年整体打包集团资产在香港上市，但遭遇香港固定资产折旧标准的改变，进而推迟上市计划。变化后的财务制度要求开元集团把原有的40年折旧年限改为20年，导致利润缩水，上市计划受阻。

2007年年底，开元酒店集团为获得国际化的融资环境和人才加盟，与美国凯雷投资集团达成协议，凯雷以约1亿美元入股开元酒店，开元集团5年内完成上市，拟募集资金20亿港元，以实现凯雷的获利退出。当时实际管理酒店22家，目标是确保每年开业5家、签约5家，到2010年拥有35家以上高星级酒店，客房数量达到1万间。

之后的数年内，由于房地产政策变化等因素影响，具体上市方案一改再改。香港资本市场在2008年以后持续低迷，开元集团担心IPO后的公司市值及股价存在被低估的风险，多番考虑后，决定借助境外REITs完成套现和融资发展的任务。

8.2.3 开元商业信托详情

1）上市概况

2013年7月10日，开元商业信托在港交所主板上市，挂牌价为3.5港元/股，总集资额约6.75亿港元。由于当时恰逢美国加息和中国流动性收紧的宏观形势，投资者对房地产信托投资基金的风险较为担忧，导致市场反应平淡，开元产业信托原计划发行规模总集资额16.45亿港元～19.74亿港元，最终被削减了一大半，降至约6.75亿港元，1.93亿单位；发行价也被定在3.5～4.2港元的下限。向转让离岸公司SPV股份的卖方（浩丰国际、伟良国际和凯雷蓝天）发行5.79亿单位，共20.27亿港元，银团贷款的初步提取额为12.02亿港元，资金总额为39.04亿港元。所募集资金主要用于收购SPV、偿还现有负债、支付交易成本以及日常营运资金（如下图8-14所示）。

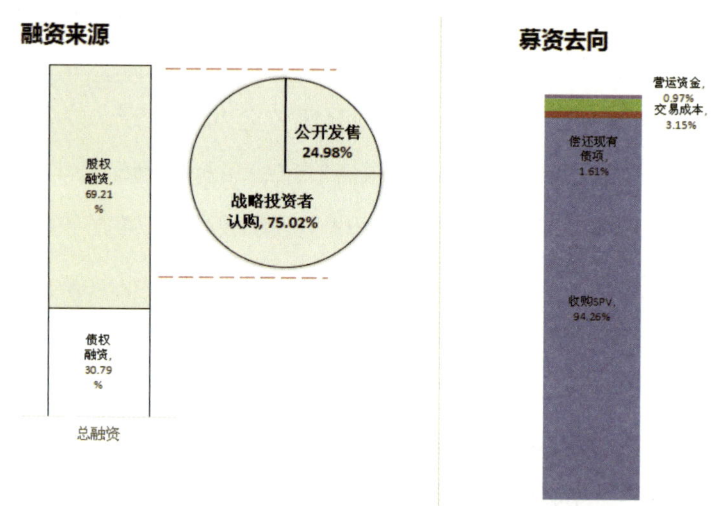

数据来源：开元商业信托官网公告。

表8-14 开元信托上市情况示意图

2）组织架构

开元产业投资信托，采取的是物业由境内的公司持有，再由一层境外的公司持有境内公司。

由于开元酒店集团本身架构较为复杂，因此重组经历了以下三大步骤：

第一步，境内归集。经过境内一系列资产重组，凯雷蓝天通过星空投资，持有浙江开元酒店39.95%股权。浙江开元酒店将非REITs的相关业务和附属公司剥离，并结清所有关联方结余和偿还现有借款。开元旅业与开元德威、开元天阳合并后，成为浙江开元酒店的直接股东。

第二步，跨境并购。成立SPV（BVI，即英属维尔京群岛）和SPV（HK，即中国香港）。开元旅业将浙江开元酒店的全部股权转让给SPV（HK）。SPV（BVI）向凯雷蓝天发行7990股股份，获得星空投资100%股权。完成后，SPV（BVI）透过SPV（HK）及星空投资，成为浙江开元酒店100%股份的间接持有人。

第三步，境外装入。成立开元产业信托。经过股权交换和认购协议，SPV（BVI）分别由浩丰国际、凯雷蓝天和伟良国际分别持有55.16%、39.95%和4.89%。上市日，以上3家公司向开元产业信托转让SPV（BVI）的所有股份（如下图8-15所示）。

温馨提示：

1.基金管理人由两间离岸公司凯雷开曼（开曼）和惠富（英属处女群岛）分别持股39.95%、60.05%。其中，惠富由浩丰国际（英属处女群岛）100%控股。浩丰国际由陈妙林、陈灿荣和张冠明3位自然人分别持有83.9%、9.29%和6.81%。

2.开元产业信托战略投资者和发起人附属公司包括浩丰国际

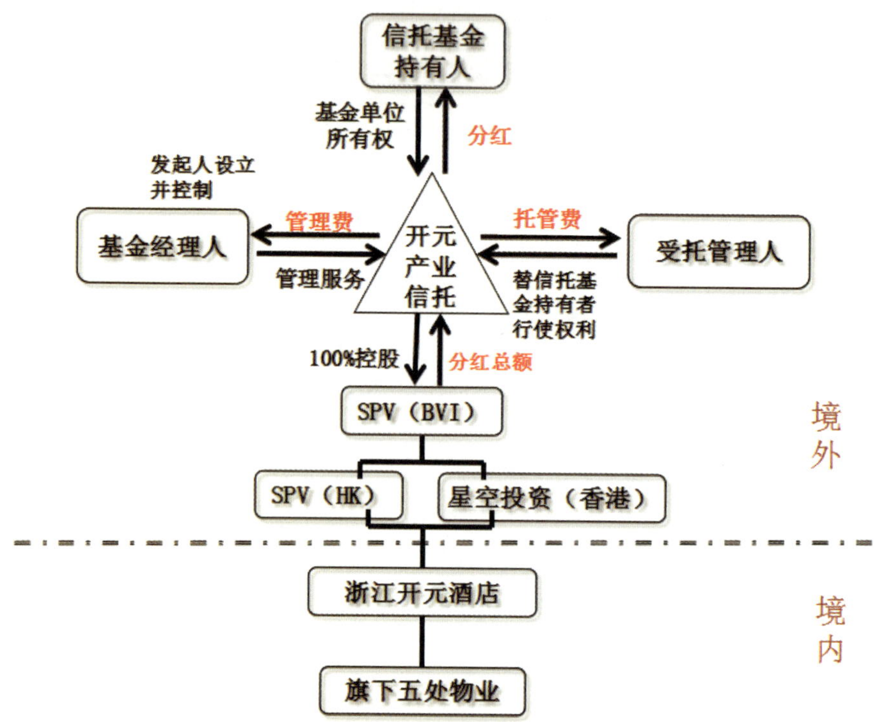

图8-15 开元信托上市组织架构图

（英属处女群岛）、伟良国际（英属处女群岛）和凯雷蓝天（开曼），分别持有总股本的21.59%、1.91%和15.63%。

3. SPV（HK）为锐至投资有限公司。

4. SPV（BVI）为Spearhead Global Limited。

3）物业概况

开元酒店管理公司管理和运营开元品牌下的自有、租赁及管理酒店，是开元房托的主承租人。自上市日起至今，开元产业信托通过持续并购来提升资产价值和投资者分派收益率，从总建筑面积321090平方米、2021间客房的5家酒店组合提升至总建筑面积457000平方米、3000间客房的8家高星级酒店。分别于2014年7月、2015年7月及2016年8月收购上海松江开元名都大酒店、开封开元名都大酒店及荷兰埃因霍温开元假日酒店。具体参见下面的表8-9、表8-10。

表8-9 开元信托物业情况一览表

内容 / 项目	开始营运时间	星级	总建筑面积（平方米）	客房数目（间）	可用餐位总数（个）	宴会厅面积（平方米）
杭州开元名都大酒店	2005年1月	五星	130105	699	4685	4492
浙江开元萧山宾馆	1988年1月	四星	39851	375	2264	1337
杭州千岛湖开元度假村	2004年4月	五星	39402	227	1962	1961
宁波开元名都大酒店	2007年12月	五星	66107	392	2356	1890

（续表）

长春开元名都大酒店	2008年12月	五星	45625	328	1918	1892
上海松江开元名都大酒店	2006年12月	五星	71027	446	1766	1728
开封开元名都大酒店	2007年8月	五星	53512	356	1300	2083
荷兰开元假日酒店埃因霍温	1973年	四星	11677	206	60	180

表8-10 开元信托物业营收情况一览表

内容 项目	平均每日房价（元）	可用客房收益（元）	入住率	目前估值（单位：亿元）
杭州开元名都大酒店	521	343	65.9%	18.5
浙江开元萧山宾馆	340	222	65.4%	5.95
杭州千岛湖开元度假村	748	461	61.6%	3
宁波开元名都大酒店	558	394	70.6%	7.8
长春开元名都大酒店	545	341	62.5%	4.4
上海松江开元名都大酒店	672	444	66.1%	8.4
开封开元名都大酒店	576	302	52.3%	4.2
荷兰开元假日酒店埃因霍温	618	477	77.2%	1.95①

① 按欧元与人民币汇率计算，即EUR€1 = RMB7.3491。

4）财务表现

开元产业信托使用了中国人民银行浙江分行的不可撤回担保与母公司开元旅业担保的双重增信措施，减轻了酒店行业盈利波动所带来的派息低迷，极大保证了投资者的利益，且大股东浩丰国际与凯雷蓝天放弃了自身持有的1.1亿基金单位的2015年之前的分派，使该基金首年收益率提升至9.28%。

开元信托的分派收益率一直较高，在香港整体市场中排名第三，酒店领域第一。历年的分派收益率保持平稳，近年来略有降低。

2014年7月，完成对上海松江酒店的收购，收购完成后的可分派收入总额从8070.2万元上升至1.01729亿元，在考虑放弃分派影响前的当年派息率从8.10%上升至8.53%。2015年7月，完成对开封酒店的收购，收购完成后的可分派收入总额从1.81468亿元上升至1.87794亿元，在考虑放弃分派影响前的当年派息率从7.78%上升至8.05%。2016年8月，完成对荷兰埃因霍温开元假日酒店的收购，由于其入住率及平均每日房价均高于现有组合，该收购也成功提高了信托份额持有人的回报。2016年年末，每单位派息0.0836元，派息率为7.7%。

2016年总体入住率提升1.7%，达60.8%，平均日租金541元，可用客房收益增长2.8%，餐饮收益增长8.5%，整体经营利润率较高。2016年3月的统计显示，中国星级酒店平均入住率59.89%，开元旗下资产略微高于市场平均值，具体如下图8-16所示。

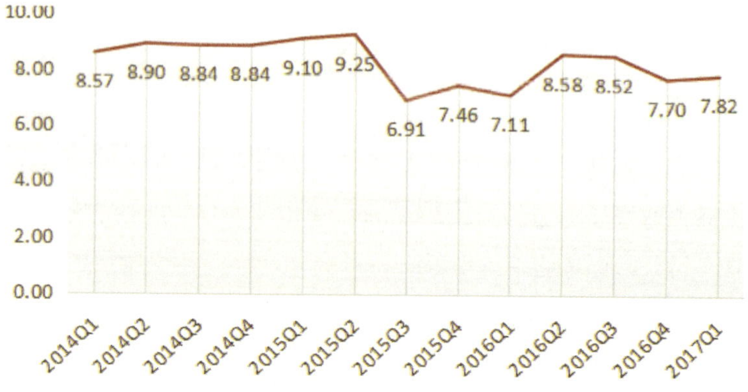

数据来源：Bloomberg。

图8–16 开元信托历年历史分派收益率

8.2.4 REITs上市给开元酒店集团带来了哪些好处

1）股权溢价融资

通过挑选一部分优质酒店房地产业务，打包装进REITs，开元集团既能实现证券市场融资，又有助于改善交易价格和市盈率。

2）轻资产战略

开元房托将成为开元集团重要的资本循环平台。考虑到集团本身旗下有很多酒店，未来可持续把酒店装入REITs中，相对比较灵活。开元集团致力于酒店开发与管理，通过酒店注入，达到资本循环，开元酒店管理成为轻资产酒店管理公司。

3）股东套现

开元酒店集团之前跟美国凯雷投资集团达成合作程序，凯雷注资助其发展，开元在成功上市后凯雷可获得资金套现退出。

8.2.5 小结

开元集团本有整体打包集团资产上市的计划，该上市计划受政策影响而推迟。最初看来，挑选部分优质酒店房地产业务归集装入REITs似是无奈之举，却为开元集团打开了一片融资发展的新天地。上市开始，单靠内生现金流难以支撑REITs发行，开元创新性地设置了外部担保条款，从而实现资本市场融资。如今，相较于国内酒店同行，开元集团率先打通了资本通路，在商业地产竞争中夺得先机。

8.3 运通网城：化腐朽为神奇的电商物流之星

8.3.1 概况

2016年7月28日，运通网城房地产投资信托基金[①]（以下简称ECWR）在新加坡挂牌上市，是第一个在新加坡挂牌上市的中国电子商务与专用物流房地产投资信托，投资宗旨是主要且直接或间接地投资于以电子商务、供应链管理及物流为主要用途的多样化收益型房地产以及房地产相关资产，共募集资金3.46亿新元。ECW的上市物业资产包括中国杭州的6处物流资产，分别是北港物流一期（电子商务）、富恒仓储（电子商务）、富卓实业（港口运输）、崇贤港投资（港口运输）、崇贤港物流（仓库和办公室）以及恒德物流（大规模专业物流）。

该资产包价值约为64亿元人民币，净租赁面积为698478平方米（具体如下表8-11所示）。

表8-11 运通网城上市情况一览表

上市日期	2016年7月28日
发起人	富春控股集团有限公司
国家	新加坡
发行规模	基石投资者为427631600（绿鞋条款执行前），458732100（执行后）；机构/个人为239506000；188125600（绿鞋条款执行前），219226100（执行后）

① 运通网城房地产信托投资基金，英文简称为EC World REIT。

（续表）

派息率	预计2016年为7.00%（2016年7月28日—2016年12月16日派息率），实际2016年为7.06%
定价	0.81新元/股
发行金额	3.46亿新元
限卖期	发起人、管理人和张国标所持有的全部股权在上市后的12个月内将不能卖掉，而基石投资者没有锁定期

自上市日起至2016年年底，ECWR毛收益为4117.5千万新元，高出上市时预测值4.8%，净物业收入为3676.1千万新元，高出预测值2.9%，每单位派息为2.454新分，实际年化派息率为7.06%，具体如下图8-17所示。

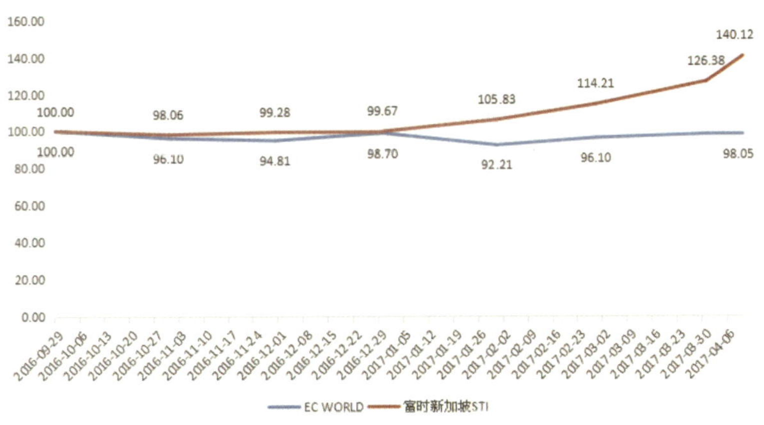

数据来源：WIND。

图8-17 ECWR与STI走势图

8.3.2 ECWR背景

1）发起人

ECWR发起人——富春控股集团有限公司，成立于1992年，总部位于上海市浦东新区，是一家具有超过20年港口物流及其他物流开发及运营经验的民营企业。业务涵盖工业、地产、电商与物流、金融四大产业板块。2013年，富春控股集团成为“菜鸟网络”的发起人和股东之一，其电商品牌“如意仓”助其成为全渠道电商仓配运营服务商，谋求传统产业向智慧型经济的转型升级。2016年，富春控股集团收购杭州富春山居度假村，以成熟的高端品牌项目为基础进军大健康产业。

2）经营战略

2013年，富春控股集团发起“菜鸟网络”，谋求在全国范围内进行电商布点。当时旗下的电商产业园、仓库等经营状况欠佳，现金流难以覆盖利息。与此同时，集团与银行的授信额度已达上限。由于业态多样，主营业务并不明确，导致IPO融资渠道受阻。富春控股集团急需新的融资模式来支持其战略布局。

由此，富春控股集团决定使用以不动产未来现金流为估值模型的上市融资的房地产投资信托基金，来满足其战略推进的资金需求。

8.3.3 ECWR详情

1）上市概况

2016年7月，ECWR在新交所上市，以每股0.81新元的价格融得3.46亿新元。共发行约4.28亿单位，其中基石投资者认购约2.40亿单位，机构和个人投资者认购约1.88亿单位。除此之外，还有发起人认购约3.5亿单位，占总股本的45%。同时，还获得银团贷款4.06亿新元。所募集资金主要用于收购境内公司款项、偿还现有贷款、赎回私人信托和支付IPO交易费用等。ECWR的基石投资者包括复星国际①、交通银行子公司②和信达资产子公司③（如下图8-18所示）。

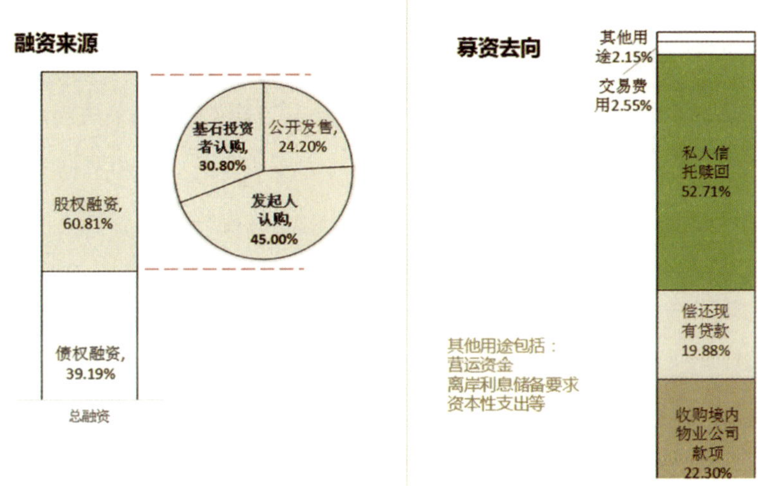

数据来源：ECWR招股书。

图8-18 ECWR融资与募资情况示意图

① 复星国际，英文全称为Fosun International Holdings Ltd。
② 交通银行子公司，英文全称为BOCOM International Global Investment Limited。
③ 信达资产子公司，英文全称为Sunkits Resources Limited。

2）组织架构

资产重组过程包括境内归集、跨境并购及境外装入三个步骤。商务部10号文第十一条规定，境内公司企业或自然人以其在境外合法设立或控制的公司名义并购与其有关联关系的境内公司，应报商务部审批。

在境外装入的步骤中，发起人通过境外无关联人士设立私人信托的方式解决了10号文涉及的关联并购问题。

在本案例中，杭州6项物业由中国境内6家项目公司持有，其组织实施过程如下：

发起人在新加坡法律下成立私人信托，该私人信托未来将成为在新交所主版挂牌上市的REITs。私人信托成立时由一位外国籍独立个体户①作为初始单位持有人，私人信托的受托人与管理人分别由一家专业受托公司和发起人全资子公司担任。

私人信托收购新加坡持股公司100％的股权。新加坡持股公司为私人信托的全资子公司。

新加坡持股公司分别与中国项目公司股权持有人签署股权转让协议，收购所有中国项目公司股权。

房托管理人在金融管理局注册招股书后，对外国籍独立个体户所持有的初始单位进行分割。房托管理人将会使用部分上市所筹集的款项，以REITs上市发行值的方式从该外籍人士手中赎回所有分

---

① 外国籍独立个体户即境外无关联人士，是发起人董事长的亲戚，在私人信托成立时已更换国籍。

割后的单位。

对于上述情形，请参考下图8-19所示：

3）物业概况

ECWR初始资产包括位于中国杭州的6处物业， 其净租赁面积为698478平方米，平均出租率为92.3%，总估值大约为人民币63.57亿元（相当于13.03亿新元）。具体物业情况参见下表8-12、8-13所示内容：

表8-12 ECWR物业情况一览表

内容 项目	物业性质	物业详情及关键数据	2016年预测期总租金收入及占比	现金流贴现法估值结果
北港物流一期	电子商务	长江三角洲最大的电子商务开发区之一。净出租面积120449平方米，租用率55.3%（2015）、85%（2016）、95%（2017），租户数1，停车位1278个	14.8mS$，28.4%	1293m RMB
富恒仓储	电子商务	专门设计的电子商务物流中心，包括仓库、物流、包裹打包和分拣。净出租面积94287平方米，租用率100%，租户数1，停车位730个	5.3mS$，10.2%	552.5m RMB
富卓实业	港口运输	在崇贤港投资附近，包括泊位和办公楼。净出租面积7128平方米，租用率100%，租户数为2，停车位45个	1.0mS$，1.9%	106.5m RMB

（续表）

崇贤港投资	港口运输	中国核心内陆港口，杭州用于钢铁产品运输的顶级内陆港口。净出租面积112726平方米，租用率100%，租户数为1	17.7m S$，33.9%	2092m RMB
崇贤港物流	仓库和办公室	长江三角洲最大的金属仓库和物流开发区之一。净出租面积125856平方米，租用率100%，租户数为58，停车位238个	5.9m S$，11.4%	852.5m RMB
恒德物流	大规模专业物流	高度专业化的仓库，提供温度和湿度控制系统。净出租面积238032平方米，租用率100%，租户数为2	7.4m S$，14.2%	1460m RMB
总计		净可租赁面积为698478平方米		总估值为63.57亿RMB

表8-13 ECWR物业营收情况一览表

贸易部门细分	总租金收入占比（上市日）	总租金收入占比（年底）	净租赁面积占比
工业	15.0%	18.0%	35.2%
交易	4.8%	3.3%	9.7%
电子商务服务供应	42.4%	39.7%	33.1%
交付、物流与分派	37.2%	37.0%	21.3%
其他	0.6%	2.0%	0.7%

注：上述两表反映的均为2016年下半年数据，其数据来源于2016年报及招股书。

其中，采用主租约形式的物业资产包括崇贤港投资、北港物

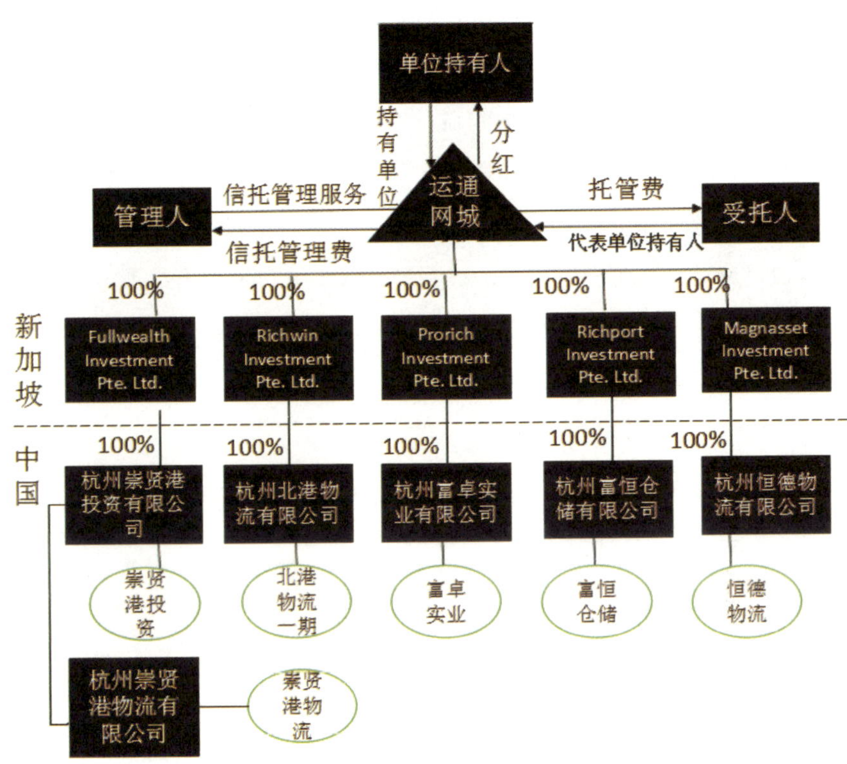

数据来源：ECWR招股书

图8-19 ECWR上市组织架构图

流一期以及富恒仓储。这是因为部分物业资产处于孵化期，会直接影响租金收益率。因此，发起人及其附属公司采用租赁后转租的方式，租期为5年，且承租人有权在租期结束前6个月更新租约。主租约有利于维持租期内租金收入的稳定性。

4）财务表现

2016年年底，ECWR毛收益、净物业收入及派息率均超过上市预测值，运营质量优秀。2016年宣告两次派息，均把可供分配利润的100%用于分红，对应期间分别为上市日至当年9月30日、10月1日至12月31日，目前已完成第一次派息。ECWR预期将持续通过从发起人和第三方处收购物流资产，从而实现业务扩张，为投资者创造溢价收益（如下表8-14所示）。

表8-14 ECWR上市后财务状况表

2016年7月28日—2016年12月31日	实际	预测	变动
毛收益	41175	39294	+4.8%
净物业收入	36761	35716	+2.9%
可分配利润	19109	19059	+0.3%
每单位派息（新分）	2.454	2.448	+0.2%

上述数据的单位为1000新元，其数据来源于2016年报。

8.3.4 REITs上市给富春控股集团带来了哪些好处

1）资产溢价融资

在原来银行贷款的评估体系中，参照市场交易价的物业总值只有约20亿元，如今通过资本杠杆的力量获得融资逾50.5亿元。究其原因，其秘密在于新交所要求使用的现金流折现和收入资本化估值方法，两种估值模型均需要对物业资产的未来前景作出预测，其中存在企业发展战略的定位影响因素。

ECWR在刚发行时每股收益（采用2016年预测值）为0.333新元，每股净资产为0.88新元，每股市价为0.81新元，P/E达到2.43，P/B则为0.92。

2）降低融资成本，改善财务绩效

富春控股集团原来的融资成本平均水平为10%，如今当期银团贷款综合利率只有5.4%，且每年有两次定增机会进行并购扩张，极大地降低了融资成本，为企业提供了廉价资金支撑战略发展（如下表8-15所示）。

表8-15 ECWR银团贷款情况一览表

在岸银团贷款	共有银行贷款10.042亿元人民币
期限	3年期
利率	浮动利率，有效利率6.1%（含债务发行费）
离岸银团贷款	2亿新元
期限	3年期
利率	浮动+固定，有效利率4.8%（考虑发行费用和利率互换）

数据来源：招股书。

2016年年末，ECWR的平均杠杆率从上市时的28.9%进一步降至27.6%，为后续运用杠杆进行并购提供了债务空间。

3）轻资产运营，利用资本市场扩张

富春控股集团的电商业务发展迅速，有成熟物业，也有处于开发阶段的物业，同时有意向收购第三方物业。在全部开发现有物业的基础上再进行新地收购，面临资金困境，通过REITs套现资金，其一用于开发，其二用于下一步收购，解决资金匹配和融通问题。发行成功后，通过境外收购境内物业套现获得现金流，进而开始下一步收购行动，盘活资金，形成套现与融资发展的良性循环。

4）拓宽收入来源

发起人富春控股集团从REITs中获得的收益包括股东套现收益、管理费以及分红收入等。按发起人目前的持股份额41.48%和REITs总股本778515845单位计算，其2016年从REITs中获得的分红收益约为792.5万新元，基金管理费（现金支付）为191.1万新元，物业管理费为54万新元。大股东套现收益粗略计算为12.8亿元，其由私人信托赎回款26.6亿元扣减发起人认购基金份额13.8亿元得出。

8.3.5 小结

早在2013年，富春集团便探索到了融合线上线下资源、开场电商综合体平台的传统商贸和电商业的双重变革路径，然而投资项目铺开太快，带来了资金链断裂的危机隐患。

重重压力下，富春集团开启了海外融资的征程，最终REITs不负所望，发挥了化腐朽为神奇的功效。

如今的富春集团，不仅依靠REITs融资，成功转移了高企的存量负债，还将借助资本平台推进下一步的业务扩张。

第九堂课　国内“类REITs”的发展

兜兜转转，我们已把如何绕道境外，进行REITs上市讲得清清楚楚了，那就让我们再次回到原点。

为什么中国还没有成熟的REITs产品呢？国内的媒体一直在说的“类REITs”又是什么呢？去境外太麻烦，我们可否直接选择国内“类REITs”产品进行融资呢？这一堂课，专门来讲国内的“类REITs”发展。

一言以蔽之，理想很丰满，现实很骨感。任重而道远，遥望不知期。

9.1 国内类“REITs”现在怎么样了

在本书第三堂课，我们曾做过REITs产品与国内“类REITs”产品的简单对比，并介绍了中信启航资产专项计划的案例，主要是为了陈述清楚成熟REITs产品的优势。

那么，在本堂课我们将对整个国内的“类REITs”市场进行系统的梳理。媒体上那些让人眼花缭乱的名词，到底经过了怎样的“本土化”移植和变迁？读完本章，保准你耳聪目明。

9.1.1 国内“类REITs”产品的定义

由于我国REITs相关法律和税收政策的不完善，我们现在市场上的REITs产品实际上对标准化的REITs进行了各方面的微调，主要是期限、流动性、股债性质、分红比例、税收政策等方面的差异，因此不能冠名REITs，只能说是“类REITs”。

“类REITs”在中国是一个宽泛的概念，是一种以不动产所有权作为底层基础资产的资产证券化产品[①]。

温馨提示：类REITs与CMBS是什么关系

我们之前对比过REITs与MBS的差别，即REITs的支持资产为不动产相关资产，收益主要来源于不动产运营所产生的现金流。而MBS的支持资产为不动产抵押贷款的信贷资产，收入来源为利息与本金回报。CMBS证券是MBS的一种，区别于住宅类抵押贷款，是指商业物业抵押贷款证券。

因此，我国的“类REITs”产品在严格意义上不包括CMBS类证券。两者同属于房地产相关资产证券化产品。但是目前在一些媒体报道中，在广义概念下运用“类REITs”来统称此类创新型的、与

① 即房地产的ABS（Asset-BackedSecurities）产品之一。

不动产相关的资产证券化产品。因此，在进行相关资料阅读时，须注意当时语境下所表述的具体类型。

在我国，区分“类REITs”和CMBS的一个关键方法，就是看物业的产权是否发生转移。

1）“类REITs”的交易架构

因为没有明确的相关法律规定，我国现在的“类REITs”产品的架构方式多种多样，采用不同的载体，包括资产管理计划、信托计划、公募基金等，五花八门。

而在本堂课，我们主要介绍的是以券商的资产管理计划为载体，在交易所发行的“类REITs”产品，因为目前这是市场的主流形式。其他以信托计划、公募基金等进行的架构都是实验性的先锋创新产品，尚未建立起普遍的规律与意义。不过我们也将在后文的典型案例中进行剖析，看看这些第一个吃螃蟹的人，都是如何进行操作的。

我们就先来看看，以资管计划为载体的“类REITs”产品的交易架构具体是怎样的。

根据2014年11月证监会发布的《证券公司及基金管理公司子公司资产证券化业务管理规定（修订稿）》及配套规则的规定，券商、基金子公司将统一以专项资产管理计划为载体进行资产证券化业务，并将原有的审批制改为有负面清单的备案制。

“类REITs”产品作为资产证券化产品的一种，目前主流操作方式如下：券商或基金子公司设立“专项资产管理计划”，对接合格的私募投资者募集资金，投入REITs私募基金。物业则是以项目公司股权的方式装入REITs私募基金，由REITs私募基金持有。REITs私募基金与项目公司之间，有时还会设立SPV。具体如下图9-1所示。

是不是看到这么复杂的结构，你就会头大？其实每一步的设计都是事出有因。

那么，这种架构的设立原因到底是什么呢？我们自下而上来看。

a. 从物业资产到项目公司这一层的目的，是避免让专项计划直接持有物业资产。这是方便通过股权转移，进行税收筹划，例如避免税负压力最大的土地增值税。如果是直接资产转让，就要缴纳土增税，但是如果通过股权转让，或者是不动产入股的形式，就可以避免土地增值税。可以说，正是处于最基础的避税考虑，才让“类REITs”穿上了许多层衣服，导致了这么多层繁复的交易架构的产生。

b. SPV的设计，是为了实现真实出售，破产隔离。

c. 关于私募基金：第一，专项资管计划按照法规规定，是不能直接持有公司股份的，因此必须设立私募基金。第二，方便专项资管计划的持有人处置自己持有的份额。第三，方便一旦公募REITs放开之后，通过这样一层架构为直接上市做准备。

此外，这里的私募基金除了持有SPV的100%股权之外，还常常会发放给SPV委托贷款，是一种股债结合的模式。这样的设置一般是为了与产品分级相匹配，也就是优先级更像是固定收益的债权类产品，由委托贷款的利息支持收入，而劣后级的收入才来源于股权。

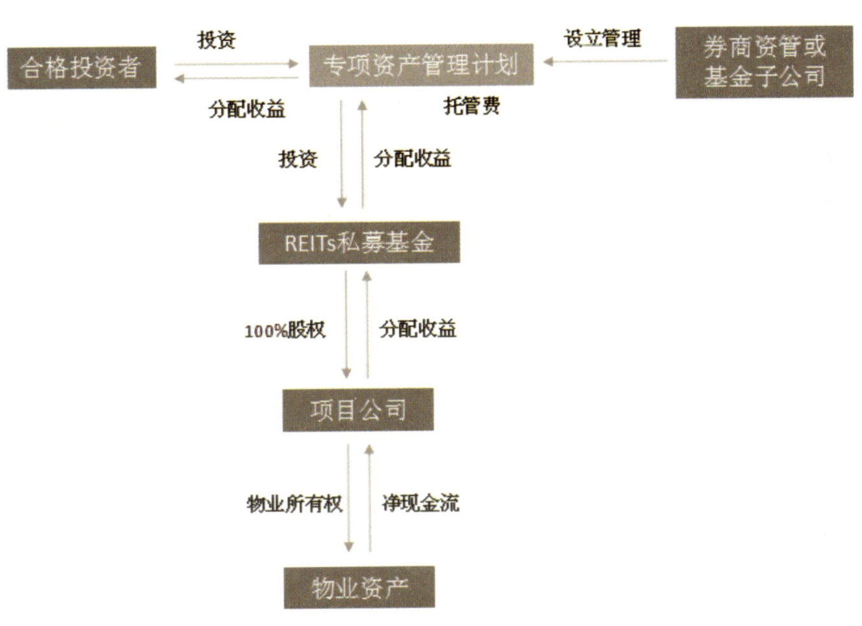

图9-1 “类REITs”的交易架构图

d. 关于专项资管计划：只有通过专项资管计划，才可以在深交所的综合协议平台上挂牌转让，而私募基金是没有这个资格的，所以，也就是我们为何说专项资管计划才是资产证券化的关键载体。但是，也应该注意到以专项资管计划为载体，同样存在这样一个投资人数的限制，目前的法律规定是不超过200人（法人和自然人），同时理论上人数的限制要进行穿透审核。这也就限定了这种类REITs的本质，只能是一个私募的性质。

温馨提示：CMBS的产品架构与资管计划"类REITs"的产品架构有哪些异同

CMBS的产品架构，也称双SPV计划，与上述架构非常相似，可以简单理解为，将中间的私募基金，改为信托计划，将"私募基金持有项目公司的股权"，转变为"信托计划为项目公司发放委托贷款"，同时这笔委托贷款，是以物业资产为抵押。

2）"类REITs"的产品收益

在"类REITs"产品的回报形式上，国内的"类REITs"产品可以分成两类——偏股型和偏债型。

注意，这与国外的REITs产品是很不一样的，国外基本上所有REITs产品都是权益型，也就是股型，这也是为什么国外对于REITs的法规给出的是分红比例的规定，而不是收益率的规定——收益率完全是根据REITs的资产表现进行浮动。

而国内，则在很大程度上，投资者偏向于固定收益产品，股权投资者较少。因此发行的专项资产管理计划也通过产品分级等创新设计方法，将固定收益与股权和增值收益剥离，使得纯股权类较少，同时又有一定的期限。

偏股型的REITs，期限往往为3～5年，优先级为固定收益，劣后级是权益收益。发起人也无需强制回购，最终通过公允价值出售给第三方而退出。而偏债型的REITs，期限一般为18～24年，每3年设置一个开放期。不论优先级还是劣后级，均为固定收益产品，只不过劣后级的固定收益更高。实际上，这种安排已经丧失了REITs经营的初衷。一般偏债型的REITs，还要设计发起方回购的条款，实际上等于发起人在还本付息。

国内“类REITs”与新加坡成熟REITs产品的对比情况，如下表9-1所示。

表9-1 中国“类REITs”和新加坡REITs的比较

项目 / 内容	新加坡REITs	中国“类REITs”
定义	股权性质的房地产资产证券化产品	一个中国语境下，尚未达到成熟REITs标准的，相似的与不动产相关的证券投资计划的统称。1）主要包括一些股权类/债权股权混合类型的资产支持专项计划产品。2）严格意义上不包括CMBS（商业房地产抵押贷款支持证券）①

① CMBS为债权性质，指商业地产公司的债权人以原有的商业抵押贷款为资产，依靠抵押物未来产生的净现金流来提供偿付本息支持，而发行的资产支持证券产品。

（续表）

期限和流动性	期限为永续，像股票一样自由买卖，流动性强，发起人在限售期之后可将股权全部卖出	有规定期限（偏股型3-5年，偏债型18～24年），发起人可能会认购劣后份额，并约定回购相关条款。一般在交易所、银行间债券市场交易，但流动性一般较弱
收益分配	与上市公司类似，区别在于规定每年必须将税后净利润的90%用于分红派息，无固定收益率，但通常较稳定	还款付息，通常收益率固定，半年或一年支付一次利息，甚至偿还部分本金
投资门槛	在新加坡证交所主板上市，无论个人投资者还是机构投资者均可买入，也不设金额门槛	以金融机构、私募基金等为主，通常发行前便已确定投资者，涉及金额也较大
资产增减难度	上市后能够收购新的持有物业并加入资产包内，也能够依照相关规定对原有物业进行销售和处置，因此REITs中通常会不断地增加新的持有物业	无法加入新的资产，销售则须在发行前就进行股权或产权的相关安排，才能够在统一运营管理的基础上，实现更好地流动
税收优惠	在REITs层面免所得税等多项免税政策	暂无税收相关优惠政策

9.1.2 我国"类REITs"产品的发展历程与市场现状

2009年，央行联合银监会、证监会等11个部门成立"REITs试点管理协调小组"，成员包括国家发展改革委、财政部、国家税务总局、中国银监会、中国证监会、中国保监会等。

2010年，央行发布《银行间债券市场房地产信托收益权发行管理办法》，债权版REITs启动。国务院先后批准了北京、上海、天津和广州作为首批REITs试点城市。同年，住建部发布《关于加快建设公共租赁住房》的指导意见，鼓励通过REITs拓展公租房融资渠道。

2012年，中信证券与天津房地产信托集团合作，以其持有的4万套公租房租金为基础资产发行债权型REITs，受到了投资者的追捧。

2013年，证监会发布《证券公司资产证券化管理规定》，确认券商专项资产管理计划作为证券公司资产证券化的载体，股权版REITs启动。

2014年，央行发布《中国银行业监督管理委员会关于进一步做好住房金融服务工作的通知》中，提出积极稳妥开展REITs试点工作。同年，国内首支权益型REITs产品“中信启航专项资产管理计划”获得批准在深交所上市。

2015年，鹏华前海万科REITs以公募基金为载体，在深交所上市。

2017年2月，兴业皖新阅嘉一期REITs以信托计划为载体，发行了首单银行间公募产品。

但风风雨雨这么多年过去，截至2017年4月，我国还没有成熟的标准化公募REITs产品，可见推动REITs非一朝一夕之功。

从目前的市场情况来看，目前我国发行的最主流的“类REITs”产品是以资产支持专项计划为载体的私募产品，这种“类REITs”产品截至2017年第一季度共21支，其中权益型18支、抵押型2支、混合型1支，总规模533.8亿元。其中，2016年发行9支，总规模206亿元。

这些以资管计划为载体的“类REITs”产品具体如下表9-2所示：

表9-2 中国“类REITs”产品一览表

产品简称	类型	交易场所	亿元	设立日
开源—北京海航实业大厦资产支持专项计划	权益型	上交所	22	2017年3月16日
中银招商—北京凯恒大厦资产支持专项计划	权益型	上交所	30.05	2017年3月15日
恒泰弘泽—广州海航双塔资产支持专项计划	权益型	上交所	27	2017年3月2日
恒泰弘泽—华远盈都商业资产支持专项计划	权益型	报价系统	7.36	2017年1月24日
天风光大—亿利生态广场一期资产支持专项计划	权益型	深交所	10.77	2017年1月17日
平安苏宁广场资产支持专项计划	权益型	上交所	16.8	2016年12月27日
长江楚越—中百一期资产支持专项计划	权益型	上交所	10.4	2016年12月26日
中信皖新阅嘉一期资产支持专项计划	权益型	上交所	5.55	2016年12月13日
中信华夏三胞南京国际金融中心资产支持专项计划	权益型	上交所	30.53	2016年11月28日
首誉光控—光控安石大融城资产支持专项计划	权益型	深交所	25	2016年8月5日
中信华夏苏宁云享资产支持专项计划	权益型	深交所	18.47	2016年6月24日
东证资管—青浦吾悦广场资产支持专项计划	权益型	深交所	10.5	2016年6月16日

（续表）

恒泰浩睿—彩云之南酒店 资产支持专项计划	权益型	上交所	58	2015年12月23日
招商创融—天虹商场（一期） 资产支持专项计划	权益型	深交所	14.5	2015年12月11日
恒泰浩睿—海航浦发大厦 资产支持专项计划	权益型	上交所	25	2015年12月2日
中信华夏苏宁云创二期 资产支持专项计划	权益型	深交所	33.35	2015年6月29日
中信华夏苏宁云创 资产支持专项计划	权益型	深交所	43.95	2014年12月16日
中信启航专项 资产管理计划	权益型	深交所	52.1	2014年4月25日
魔方公寓信托受益权 资产支持专项计划	抵押型	上交所	3.5	2017年1月10日
北京银泰中心 资产支持专项计划	抵押型	上交所	75	2016年8月19日
天风—中航红星爱琴海商业物业 信托受益权资产支持专项计划	混合型	上交所	14	2016年6月14日

数据来源：CNABS。

9.1.3 传说中的公募REITs在哪里

之前我们介绍的“类REITs”，都是市场上主流的私募产品，而媒体上也往往爆料出消息，说首单公募REITs出现，那么就让我们看看，这些传说中的首单公募，到底有哪些特点？它们距离真正的公募还有多远？我们将以2015年以公募基金为载体发行的“鹏华前海万科REITs”，以及2017年年初以信托计划为载体发行的“兴业皖新阅嘉一期房地产投资信托基金”这两个实验性产品为例，进行详细的解读。

1）鹏华前海万科REITs

这支公募基金的突破性在于，其突破了公募基金投资标的的限制，首次拓展到投资房地产标的，此外也突破了投资比例的限制，即投资同一家公司发行的证券不超过该公司的10%，也不得超过基金资产净值的10%。

a. 标的资产背景。2013年8月，前海管理层公布企业公馆BOT项目的招标结果，万科中选，成为项目投资人。按照BOT的建设（Build）—经营（Operate）—移交（Transfer）模式，万科将出资建设前海企业公馆，并在8年后无偿移交给前海管理层，而万科则通过8年的运营来回收项目投资。

前海企业公馆分为特区馆区和企业公馆区。其中，特区馆区包含一座约为12000平方米的特区馆，企业公馆区包含36栋建筑面积约200至1600平方米不等的企业公馆、一座约3300平方米的商务中心、约3000平方米的商业配套，以及约6000平方米的半地下停车场。整个园区总建筑面积6万平方米，总投资近9亿元，于2014年12月正式开园，当时已100%满租，整个园区租金水平为250元/平方米每月，园区每年租金约1.26亿元，预计第三年起每年增长9%。

b. 上市情况。2015年6月8日，中国证监会正式批准，以个案试点方式成立“鹏华前海万科封闭式混合型证券投资基金”（以下简称前海REITs）。同年6月26日，国内首支公募“类REITs”产品——鹏华前海万科REITs正式公开发行。具体的产品设计如下表9-3所示：

表9-3 鹏华前海万科REITs产品设计概况

投资标的	50%的募得资金用于增资目标公司50%的股权，获得万科前海企业公馆未来8年的除物业管理费收入之外的营业收益权。收益权为证券化的基础资产。另外50%用于投资其他固定收益类产品和低风险的权益类产品
规模	30亿元
增信措施	万科提供保证金，并与超额收益分成挂钩
产品期限	10年封闭运作期
预期收益	7%～8%
退出机制	投资期届满，由万科深圳分公司或其关联方回购项目公司股权
认购金额	发行期间单笔认购门槛为10万元

基金的投资标的主要分为两部分：不超过50%的部分，是通过增资入股，获得万科前海企业公馆50%的股权。结合戴德梁行对资产的估值，基金管理人确定了该部分股权对价为12.7亿元。另外，不低于50%的基金资产将投资于固定收益类资产、权益类资产等。其基金的交易结构如下图9-2所示：

退出机制方面，鹏华前海万科REITs的运作流程为：在基金合同生效后10年内，基金封闭运作并在深圳证券交易所上市交易。封闭运作期届满后，其股权退出将根据协议，分别在2015年[①]、2018

① 鹏华前海万科REITs于2015年12月31日公布《关于鹏华前海万科REITs 封闭式混合型发起式证券投资基金股权回购事项变更的公告》，将第一次14%的项目公司股权交割日自2015年12月31日延后至2017年3月31日，余下3次的18%、17.5%和0.5%的股权交割日保持不变。

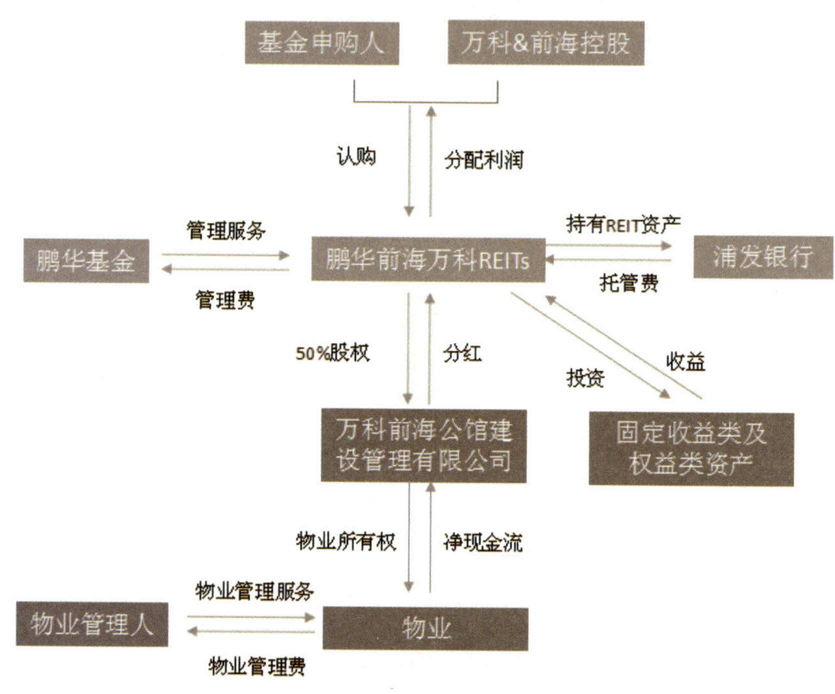

图9-2 鹏华前海万科REITs基金交易结构图

年、2021年年末前和2023年10月31日前，向深圳万科或深圳万科指定的关联方转让14%、18%、17.5%和0.5%的股权，直至全部退出。之后会转为上市开放式基金，属性变为债券型基金。

c. 鹏华前海万科REITs与标准公募REITs的区别。鹏华前海万科的REITs是以公募基金为载体，实现了公募性，但是其距离真正的REITs产品还有差距。还记得前文讲过的海外REITs标准么？我们可以逐一来看。

①标准的权益型REITs产品一般拥有资产产权或长期的租赁权。前海万科REITs产品的标的资产为BOT项目，被证券化的只有其短期的租金收益权，仅有8年的期限。也就是说，既不具备产权，也没有永续期限。而这也证明，这是一个政府牵头的试点项目，目前还不具备复制推广的可能性。

②新加坡和中国香港的法律均规定，至少75%的资金要用来投资房地产相关资产。反观前海万科REITs，其对房地产相关资产的投资比例仅占不到50%，其他大部分资金都用来投资传统的固定收益类产品，可以说并不像是一个真正的REITs，更像公募基金。

③海外REITs均有优厚的税收优惠政策。前海万科REITs并没有享有税收优惠，依然在REITs层面需要缴纳所得税，因此，为达到预期收益存在一定压力。其在预测现金流时，作出了租金增长9%的预期，也可谓比较激进。实际市场上的投资者预期并不一定很高。当然，作为特批的先锋产品，备受关注、享有投资者热情，背后又有隐形的信用主体，其真正收益也未必不佳。

当然，不可否认，作为首支公募的“类REITs”产品，前海

REITs的流动性要优于一般的私募产品，其对于未来房企的融资渠道多元化起到一定的探路作用。但是这支产品有其不可复制的特殊性，中国要实现真正公募REITs还有很长的路要走。

2）兴业皖新阅嘉一期房地产投资信托基金

这个2017年2月发行的产品被称为首单银行间市场的公募REITs，属于ABN（资产支持票据）。

银行间市场的公募与交易所市场的公募有何区别呢？银行间市场的公募，对接的同样只能是机构投资者。但是，其确实是公开的市场。这个项目也是经过了央行的行政准许特批，是一个REITs试点项目，由此可见，央行在推动银行间市场的REITs方面的决心。

产品的期限为18年，每3年一个开放期，总额5.5亿元，其中优先A级3.3亿元，优先B级2.2亿元，产品回报方式均为固定收益。

我们还是首先来看看其交易架构图（如下图9-3所示）。

还记得这与之前提到的“类REITs”的资管计划设计有何不同么？没错，只是将券商的资产管理计划，换成了信托计划。信托计划的合格投资者，拿到了信托受益权，而这个信托受益权，是可以在银行间市场转让的。

在这里，信托计划与专项资管计划作为载体，其核心的区别是什么呢？人数限制。按照《信托公司集合资金信托计划管理办法》的规定：“单个信托计划的自然人人数不得超过50人，但单笔委托金额在300万元以上的自然人投资者和合格的机构投资者数量不受限制。”这也是为何成就“公募”本质的原因。

然而，也有业内律师评价，因为底层持有了项目公司的股权，

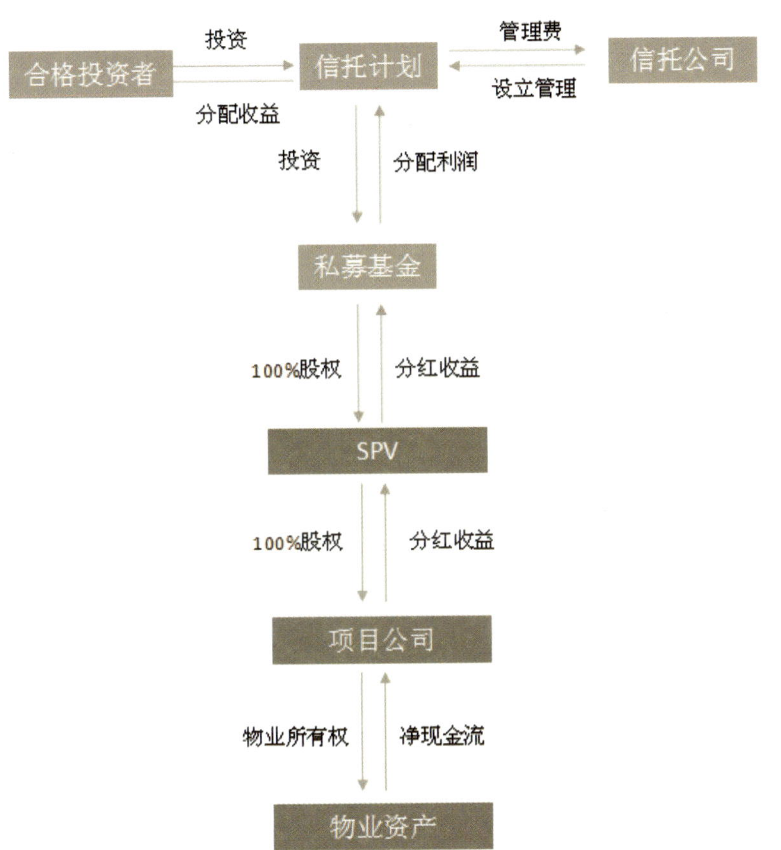

图9-3 兴业皖新阅嘉REITs交易架构图

尽管其还是固定收益类产品，但实际上变相地造成了项目公司股权的公开发售，这在法律范围内是有争议的。由此可见，我国的法律配套还不甚完善，创新型的产品都要靠特批特许来进行，最终的各方权益也都没有法律法规明文保障，处于一个模糊的地带。

除此之外，该计划与主流的“类REITs”产品差距不大，依然存在着期限的永续性不足、无税收减免政策、资产分散性不足等特征。

不过，显然在公募的性质上，即使还不能完全对接个人投资者，该产品也已经迈出了巨大的一步。在标的资产方面，也是远远比鹏华前海REITs更像标准化的REITs产品。

9.2 国内“类REITs”将会走向何方

9.2.1 国内“类REITs”产品目前面临的局限

事实上，从之前的案例对比来看，国内“类REITs”产品目前面临的局限重重。总体可分为三大局限：法律，税收与投资者意愿。

简单来看，就是这么几个问题：谁来管？怎么交税？谁来投资？

1）法律问题——谁来管

首先面临的局限是相关法律法规文件的缺失。

在2017年2月的上海陆家嘴资产证券化年会上，关于REITs的发展，中国证券投资基金业协会会长洪磊提出了以下观点：“一是缺少REITs基础资产发行上市的相关管理办法，应当将能产生稳定现金流的不动产上市与一般公司相区别。二是缺少REITs投资基金运作管理办法，除了个别试点外，尚不能大规模有序发展。”这清晰地点明了目前国内“类REITs”的法律困境。

目前市面上的载体包括券商和基金子公司的专项资产管理计划、公募基金、信托计划等。中国现行的法律法规中只是出台了《证券投资基金法》可资参考，但REITs运作方式与证券投资基金有很大差异。我国是成文法国家（大陆法系），当事人的行为必须有明确的法律加以规范的情况下，投资者的利益才会有切实的保障，所以现有的《公司法》《信托法》《证券投资基金法》《信托公司集合资金信托计划管理办法》可以用于参考，但并不能为房地产投资信托基金提供明确的法律保障。

不怕一万，就怕万一，一旦出现问题，谁来负责？缺少明确的法律保障，对于投资者和发行者来讲，均是潜在的风险。

2）税收问题——怎么交税

我国现在缺乏与REITs产品相配套的税收体系。

我国法律明文规定的税收优惠目前仅限于证券投资基金[①]，这个文件的规定适用于证券投资基金，但并未明确适用于房地产投资信托基金。

因此，双重征税这座大山压制了REITs 产品的发展。双重征税，指的是所得税的税项，不仅在项目公司层面缴纳，还要在REITs层面缴纳所得税。

除了所得税，在资产重组阶段也会带来大量税项。另外，投资者还要在收到分红后再缴纳所得税，这进一步降低了投资者的投资意愿。

我们可以对比下新加坡与中国在REITs方面的税收优惠政策，如下表9-4所示：

温馨提示：

以中信启航REITs为例，双重税负压力下，估算REITs缴税后，

① 证券投资基金，即《关于开放式证券投资基金有关税收问题的通知》。

其实际预计分红率不到5%，刚刚能覆盖优先级的收益率要求，而次级投资者的风险则较大。

表9-4 中国和新加坡在REITs方面的税收政策差异

项目＼内容	投资者层面	REITs层面	项目公司层面
新加坡	**居民投资者** 个人：股息，出售利得免税 法人：17%所得税 **非居民投资者** 个人：免预提所得税 法人：10%预提所得税	REITs层面用于分红的收益免所得税；未分配的特定所得在REITs层面免征所得税；REITs来源于境外的股息所得免税	分红部分免税 出售利得免税 无房产税优惠
中国	25%的个人所得税	25%企业所得税	25%的企业所得税

3）投资者问题——谁来投资

首先，国内“类REITs”产品的投资者主体目前不够多元，主要面向机构投资者，还是以私募形式为主。

其次，国内“类REITs”产品都有一定的份额转让门槛，这都导致了流动性不足。

最后，我国现在的房地产市场，售租比过高，来自于租金的回报率较低，对于国内机构投资者的吸引力有限。

这也是为何市面上的“类REITs”产品都要进行产品分级设计，保证优先级的收益率类似于固定收益产品，并大力进行增信措施的原因，如此才能保证有足够的投资者青睐。但这些都与标准的REITs产品相去甚远，次级投资者也要承担更大的风险。

相比之下，新加坡市场在投资者主体方面，有大量的长期持有REITs的成熟公众投资者，并允许养老金和公积金投资于REITs，因此，新加坡市场有着稳定的投资者来源和充足的流动性。

9.2.2 未来的政策趋势

在2017年的上海陆家嘴资产证券化论坛上，行业专家针对REITs也给出了自己的意见。根据中国证券投资基金业协会会长洪磊的发言，未来将致力于以下政策的推动：

1）法律

第一，要制定资产证券化产品公开发行上市的规则。

当前已经针对未来现金流不确定的公司发行（REITs）建立了一套发行制度，但还应当针对未来现金流稳定的项目资产建立与之相适应的发行制度，比如在沪深交易所设立机构投资者交易板块，专门挂牌不动产证券化产品。要明确具有稳定现金流产品挂牌的条件，要明确发行人、保荐人、担保人中介机构的勤勉尽责义务，明确挂牌交易的REITs产品以及ABS产品信息披露的内容。为防止基础资产上市交易中的道德风险，还应当设立必要的回扣条款，约束发行方对投资者承担长期责任，防止出现重融资而侵犯投资人利益的倾向，防止利用挂牌变相地圈钱套现。

第二，要在基金法框架下推动公募REITs产品的制度设计。可见未来公募基金很有可能成为公募REITs的载体。

《基金法》已经为公募REITs产品提供制度条件，封闭式基金就是一个非常好的载体，封闭式基金的封闭期要求契合了REITs持有基础资产期限较长的要求。年内90%以上投资收益分配给持有人，满足了持有人长期持有不驳价差的要求。组合投资还要求分散基础资产的个体风险，严格的信息披露制度可以约束投资运作中的道德风险。REITs管理人可以在基础资产运营管理中发挥投票表决权作用，有利于完善项目管理，改善经营绩效，为公众投资创造稳定的长期回报。上述的优势既可以吸引银行理财等短期资金通过公募REITs转为长期资本，还可以为养老金资产配置提供新的工具。

第三，建立对REITs的监管机制。

在REITs的整个运作环节中，还应当建立对各类主体的诚信档案，做好持续性的信用管理，推动REITs的保荐人、管理人勤勉尽责，严厉处理失信违规行为，维护市场健康发展的秩序。中国证券投资基金业协会已经建立了针对基金管理人和各类服务机构的诚信记录，披露与自律履责的机制。未来我们将把REITs 相关市场主体也统一纳入诚信管理体系，做好REITs 治理管理的各项工作。

2）税收

要积极推动明确REITs 相关税收政策。

REITs的成功运作依赖于清晰明确且避免双重征税的税收制

度，《基金法》第八条规定，基金财产投资的相关税收由基金份额持有人承担，基金管理人或者其他扣缴义务人按照规定履行代扣代缴义务。如此，已经明确基金产品的税收征管原则，REITs 产品比照基金征税也就避免了双重征税。目前正在进行营改增的改革，如何避免基金产品代税交易给持有人带来的不公平，又设计出简单透明的税收征管办法，考验行业和税务部门的智慧。

改革进程中，税收中性改革，目前的意向是首先从公租房开始。应通过积极稳妥、先行先试的公募REITs实践，促进REITs税制的建立和完善，在实践中发现问题、解决问题。

3）投资者

在投资者主体方面，大力推动养老金投资公募REITs，完善资产管理市场的三重架构。

养老金是驱动大类资产配置需求的重要力量，应当在现有第一第二制度之外，大力推动以个人账户和税收递延为核心的第三支柱养老金发展。三层架构在投资工具层面通过分散投资，化解非系统性风险，通过FOF的配置，力图化解系统性风险，将不动产REITs纳入三层架构，在基础资产、投资工具、大类资产配置三个方面大大拓展原有的架构功能，将PPP项目作为REITs基础资产的来源，将其中的10%转为真实的可投资标的，那么每年REITs新增规模就可达到千亿级。公众资金尤其是养老金通过REITs投资于这些有长期可靠现金回报的真实资产，可以改善各类机构投资者在二级市场博取差价的现状，更为资产管理开辟了新的发展道路，提升资本市场直接融资的功能，更好服务实体经济转型。

而在投资者比较关心的回报率方面，政府目前的政策偏向于对公租房的支持，低地价，稳定的租金收益，带来了发行REITs的可能性。

从2017年的风向标来看，PPP项目与公租房项目等政府参与的项目，将成为REITs的试点开展项目。

9.3 你还能等多久

总体来讲，REITs目前是国内的蓝海，但是距离真正走上规范化道路，还有很长的时间。无论是立法、税收，还是成熟投资者的培育，都属于冰冻三尺非一日之寒。

立法方面，通观所有已经和正在筹划发展REITs这种投资品种的国家和地区，无不将立法作为发展REITs的首要条件。新加坡、日本、韩国、中国香港和中国台湾，都是在原有相关法律已经比较完备的基础上，通过长期研究制定了专项法律。有的在REITs法律制定与公布以后好几年才正式批准相关产品上市发行。我们国内的法律法规的制定要经过层层审批和探讨，要在几年后才能真正落地呢？你还要等多久？

税收方面，双重征税制度下， REITs的融资成本并不低，虽然国家在推动试点和税收优惠政策放开，但是首先享受税收优惠的是政府的PPP项目以及公租房项目，这是近来政策文件的指导思想。税收优惠政策发布后还要在实际试点项目中进行磨合和观察，总结问题，不断调整之后才能正式落地。如此，你还要等多久呢？

投资者方面，租金回报率相对于售价并不占优势，机构投资者偏向短期的固定收益，你能否自己承担劣后级的风险？而境外的投资者则经过了长期的市场培育，有大量的公众投资者，更偏向于成熟稳健的长期现金流，且有更好的流动性。对此，你还要再等多久呢？

果断的人，从不在等待中犹豫，而是抓住机会做实干家！

时不我待，REITs海外上市融资之路，现在就出发！

新加坡REITs经理人守则及其附件
（新加坡金融管理局）

XINJIAPO REITs JINGLIREN SHOUZE JIQI FUJIAN
XINJIAPO JINRONG GUANLIJU

附录一

新加坡REITs经理人守则

守则编号：SFA04-G07
发布日期：2016.1.1
房地产信托投资基金管理者所持有的资本市场服务牌照守则

1. 目的

1.1 该守则根据证券期货法案（SFA Cap.289）321节制定，适用于所有资本市场服务牌照的持有者，从事房地产信托投资基金管理业务。

1.2 该守则对REITs管理人的公司组织架构和最低持证标准进行指导。REITs管理人应当遵守该守则，包括附录。监管机构会将REITs管理人对于该守则的遵守程度纳入考虑，判断管理人是否合理服从相应法规和行业惯例。

1.3 该守则应当同SFA颁布的其他制度法规共同阅读。这些法规包括：证券和期货关于持证要求和准入标准的规定［SF（LCB）R］，证券和期货关于融资和盈利的规定［SF（FRM）R］，以及其他各类SFA不定期发布的成文规定，标准和通知。

1.4 该守则中所有术语（如不特殊指出）都与以下法案一致：SFA第二部分，SF（LCB）R第二条，SF（FRM）R第二条，以及Notice SFA04-N14第二段。

2. 牌照标准

一般标准

2.1 REITs管理人需要为新加坡注册的，拥有位于新加坡永久办公室的公司。

2.2 REITs管理人应当向MAS（新加坡证监会）证明其能高效、诚实、公正地执行其职责。

2.3 REITs管理人应当向MAS证明它的控股股东、经理、代表人和雇员，都是正直且合适的。符合FSG-G01守则的规定。

2.4 REITs管理人应当向MAS证明它的控股股东拥有可追溯的历史记录，在管理咨询、投资REITs即将投资的房地产类型方面有5年以上的经验。

2.5 REITs管理人应当向MAS证明它的控股股东在其自己国家有较好排名。

2.6 REITs管理人应当在新加坡进行如下活动：1）会计；2）遵守条约；3）投资者关系。

2.7 相对于REITs管理人在其他地点的、与REITs管理相关的分支办公室（如果有的话），位于新加坡的管理运营应当处于有意义的角色。针对位于新加坡的管理运营者所扮演的角色，MAS的评估标准，包括但不限于：

a）管理委员会和董事团队的组成和任期。

b）身份为新加坡居民的首席执行官和董事在REITs管理中形成投资决策和融资活动里发挥的作用。

针对CEO、董事和代表人的标准

2.8 SFA的96部分规定REITs管理人在以下活动前需获得MAS批准：

A）指定CEO或者董事。

B）把非执行董事变为执行董事。

2.9 CEO应当为新加坡居民。然而当REITs管理人管理的资产主要位于国外时，CEO也可以是该国的居民，前提是MAS认定这种安排不会损害CEO对于REITs管理的可靠性。尤其是针对REITs资产包有效的监控管理和REITs的经营活动。

2.10 REITs管理人应当尽早通知MAS关于董事长或CEO的卸任情况，最晚不得超过卸任日期14天。

2.11 REITs管理人的董事和CEO应当至少有10年相关经验，并至少有5年管理层经验。

2.12 REITs管理人至少有3个全职代表人（可以包括CEO）是新加坡居民，并至少有5年以上REITs管理相关行业经验。

2.13 从事以下功能的个体应当被指定为REITs管理人的代表人：

A）投资管理。

B）资产管理。

C）融资。

D）营销。

E）投资者关系。

2.14 国外从事以上功能的个体也可以被指定为代表人，但是不被计入2.12中提到的三个人之一。

基础资本

2.15 SFR（FRM）第三条规定，REITs管理人至少有100万新币的基础资本。

融资渠道

2.16 REITs管理人应当满足SFR（FRM）关于融资渠道的规定。

责任书/担保书

2.17 根据SFA第88条，MAS有权要求REITs管理人向其控股股东或母公司请求出具责任书①或担保书②。

专业保障保险

2.18 REITs管理人应当获得专业保障保险，保险额度最低要求参见附件1。

3. 公司架构规定

3.1 REITs管理人应当符合“公司架构标准”（CG code）③的要求，任何偏离都应当在其年度报告中进行披露。

董事的独立性

3.2 SFR（SCB）的13D到13G条款对于REITs管理人董事会的组成有所规定。包括确认董事是否具有独立性的标准。

3.3 控股股东的独立董事如果也是REITs管理人的董事会成员，将不被认为具有独立性。

---

① 责任书是指控股股东或母公司的承诺将会保持对申请人的充分监视，包括运营、财务状况、法律合约、管理和其他相关事项。

② 担保书设定了控股股东或母公司针对REITs管理人出现的流动性短缺或其他财务义务时给予的负债担保的最大值。

③ 2012年5月发布，随时修改补充或附加条款。

董事委员会

审计委员会

3.4 通知的第五段表明，REITs管理人的审计委员会应当由至少3名董事组成，且均应为非执行董事，大部分具有独立性。

3.5 对控股股东有控制权或者驻办公室责任[①]的个体可以作为审计委员会成员，在这种情况下，应当有至少其他3名独立董事。

提名和报酬委员会

3.6 按照CG code，REITs管理人应当考虑成立提名和报酬委员会。如果REITs管理人没有设立相应委员会，其应当在年报中有所披露。具体条款见附件1-2。

利益冲突和时间投入

3.7 董事会和高级经理应当尽可能避免利益冲突，如果一旦出现利益冲突，应当公平地解决该冲突。

3.8 为了避免潜在冲突，CEO和执行董事不应该同时在以下实体中担任职务：

A）控股股东或者其关联方。

B）有竞争利益关系的实体（例如物业管理公司）。

3.9 CEO和执行董事应当尽全力保证其贡献，需要保证：

A）应当全职且每天在REITs管理人岗位上工作。

B）不在其他实体担任管理执行工作。

---

① 这种责任包括金融、审计、风控和合约。

4. 董事和执行官的薪酬披露

4.1 Notice的第三段规定了董事和执行官薪酬的披露要求。

4.2 在进行薪酬政策和流程制定披露时，REITs管理人需要表明这些回报是以纯现金形式给出，还是由其他非金钱的补助组成。

4.3 当对董事和执行官的薪酬披露涉及以下情况时：1）用控股股东及其关联实体的股份或利息支付；2）与REITs之外的其他任何实体的表现相关联（直接或非直接）。REITs应当包括以下信息，例如：此类回报在总体年度回报中所占的比例。详情见附件1-3。

5.守约安排

5.1 在评价内部控制[①]的充分性上，REITs管理人的董事会需要考虑到REITs运营的本质、规模和复杂度，包括但不限于：

1）当评估REITs管理人运营操作的本质时，考虑REITs投资资产的类型。

2）当评估REITs管理人的运营操作规模时，考虑REITs资产组合的规模。

3）当评估REITs管理人的运营操作复杂度时，应考虑：i）关联交易的频率和价值，包括任何实操层面的REITs管理人可能外包给其控股股东的功能。ii）REITs资产所属管辖范围的法律透明度。

① 遵守新交所证券交易上市手册Rule1207（10）的要求。

附件1-1　REITs管理人的专业保障保险（PII）规定

最低PII保额一览表

每股净资产（新币百万）	最低保额（新币百万）	备注
<100	2	保单复印件每年上交MAS。PII免赔额不得超过REITs管理人基础资产的20%。
（100～200）	3	
（200～300）	5	
（300～400）	7	
（400～500）	9	
（500～600）	11	
（600～700）	13	
（700～800）	15	
（800～900）	17	
（900～1000）	19	
（1000～10000）	21	
>10000	25	

除了上表中内容之外，还有有关责任书及其他PII代替方案等内容需要说明。

1.责任书：代替PII，MAS可能考虑使用REITs管理人控股股东或母公司出具的担保说明书。承诺进行同等或超出最低保额的担保。然而，REITs管理人控股股东或其母公司必须处于优秀的财务状态。

2.其他PII代替方案：MAS可能考虑PII的其他形式，条件是，如果REITs管理人评估认定投资人的利益不会受损，并且满足以下条款（如下表所示）。

类型	条件
集体PII	最低保额至少是独立非混合PII的最低要求金额的5倍。 如果集体PII免赔额超出REITs管理人基础资产的20%，其控股股东或母公司需要出具担保，在出现索赔情况时，补足多出的部分。
混合PII	混合PII中的非PII部分需要设置次级限额。 混合PII总体保额减去非PII部分的次级限额，至少应当等于独立非混合PII的最低要求金额。
集体混合PII	集体混合PII中的非PII部分需要设置次级限额。 集体混合PII的整体保额减去非PII部分的次级限额，应当至少是独立非混合PII的最低要求金额的5倍。 如果集体混合PII的免赔额大于REITs管理人基础资产的20%，其控股股东或母公司需要出具担保，在出现索赔情况时，补足多出的部分。

附件1-2　未建立提名委员会或薪酬委员会情况下的信息披露指南

1. 范围

1.1 本附件针对3.6条款提出的未设立提名或薪酬委员会的情况下，需要进行的信息披露，并给予指导。

2. 一般要求

2.1 信息披露应当清晰、合理、有信息量，以及有意义。

3. 不建立提名委员会或薪酬委员会的正当理由

3.1 如果REITs管理人不建立提名委员会或薪酬委员会，或均不建立，REITs的年度报告应当包括以下内容：

A）关于不建立原因的清晰解释。

B）如果没有建立提名委员会，REITs管理人运用了怎样的标准和流程，去选择并指定新的董事，或者评估再次当选的现任董事的表现。

C）如果没有建立薪酬委员会，REITs管理人如何制定薪酬政策，以及决定董事和执行官的薪酬。

3.2 针对本附件的3.1，以下陈述不被认为是符合要求的：

A）陈述认定REITs管理人不是上市公司，因此不受到与上市公司相同的公司架构标准的约束。

B）陈述认定REITs管理人依靠的是其控股股东的提名委员会和薪酬委员会。

附件1-3　董事和执行官的薪酬披露指南

1. 范围

1.1 本附件针对薪酬披露要求提供一般性指导。

2. 一般原则

2.1 披露应当清晰、合理、有信息量和有意义。

3. 关于董事和执行官薪酬披露

3.1 为了促进REITs份额持有人对于董事和执行官薪酬回报的本质、类型、程度和数量的理解，REITs的年度报告应当包括以下内容：

A）薪酬政策的关键特点和目的。

B）决定薪酬政策时的流程，包括：i）是否存在薪酬委员会以及制定薪酬政策时的流程；ii）薪酬顾问或行业专家的名字（如果有）以及声明该顾问与REITs管理人，及其控股股东或关联实体之间是否有任何联系。如果存在联系，披露应当清晰表明该顾问的独立性与客观性是如何被保证的；iii）薪酬政策的评判过程以及保证实际支付的薪酬与薪酬政策目的相一致的流程。

C）可能提供的各种形式（包括福利类型的宽泛描述）的薪酬总览（例如基础薪酬，浮动薪酬，与表现相关的奖金，福利，认股权，基于股权的激励以及其他长期激励等），以及对于运用不同形式薪酬的讨论（包括各种薪酬形式的比例）。

3.2 如果任何董事或执行官的薪酬是通过REITs管理人控股股东或关联实体的股权或利息进行支付的，或者与任何REITs之外的实体的表现情况有关（直接或间接），披露时应包括：

A）解释此类补贴的比例，以及为何此类补贴符合REITs和其持有者的长期利益，为何这不会导致董事和执行官将REITs控股股东或其关联实体的利益放在其他持有者之上。

B）制定清晰的弥补措施，以应对针对这种安排下产生利益冲突的可能性。

C）在决定不同形式的混合回报方式时分别考虑了哪些因素，以及这些因素的相对重要性。

4. 不披露CEO、董事和执行官薪酬的正当性

4.1 如果REITs管理人不实名披露CEO、各个董事个人以及至少5个其主要执行官（除了CEO和同时是董事的执行官以外）的报酬的具体金额（或小于25万新币的范围），REITs管理人应当解释为何不进行披露，以及为何这不会导致份额持有人的利益受损。

4.2 针对本附件的4.1条款，声明“CEO、董事和执行官的薪酬是通过REITs管理人的资产支付的，而非REITs的资产池支付”不被视为符合要求。

5. 薪酬披露范例

A）针对薪酬披露的范例如下所述：

制定薪酬政策的过程展示如下（清晰的陈述政策和流程，参

考3.1A和B的内容）：

i）作为基金管理人的薪酬回报，执行官年度薪酬的x%是以某实体的股份支付的。基础薪资和分红分别占y%和z%。

董事通过某实体股份的形式获得他们的董事费的a%。

ii）董事会/薪酬委员会已经评估了薪酬安排，并确认任何可能发生的利益冲突已经被削弱。其基于清晰的原因，参考3.2和3.2C的内容。

B）针对CEO、董事、执行官的实名薪酬披露（确切值或不超过25万新币的范围），可以运用下表所示的格式：

姓名	工资薪酬	现金奖金	股权分配[①]	其他	总计（新币）

C）针对不实名公开CEO、董事和执行官的薪酬，解释条款应当包括：董事会/薪酬委员会已经评估并决定不实名公开CEO、董事和执行官的薪酬（确切值或不超过25万新币的范围），原因参考3.2A和3.2C。

① 遵守新交所证券交易上市手册Rule1207（10）的要求。

新加坡集合投资计划准则（第一部分）
（新加坡金融管理局）

XINJIAPO JIHE TOUZI JIHUA ZHUNZE DIYI BUFEN
XINJIAPO JINRONG GUANLIJU

附录二　新加坡集合投资计划准则（第一部分）

序言

《集合投资计划准则》（以下简称《准则》）由新加坡金融管理局根据《证券与期货法案》（Cap.289）（SFA）第321部分发布。《准则》针对集合投资计划管理者和受托人需要遵守的管理、运营和营销的最佳方式给予设定。

本准则本质上非法令，任何违背本准则的个人不会导致刑事诉讼。然而在不论民事或刑事诉讼程序中，诉讼中任何试图建立或消除责任的一方，都可以依据本准则行事。

如果投资计划负责人违背该准则，监管机构可考虑决定撤销或暂停对其授权或认证，（根据SFA第286和287条）或者拒绝对其新发起的投资计划发放授权。同样，受托人违反该准则，监管机构也会考虑撤销其准入资格（根据SFA第289条），或者禁止受托人未来在其他新的计划中担任受托人角色。

本准则在2002年5月23日首次发布，2015年7月14日最后一次调整。本准则从2016年1月1日开始执行。

已经得到授权的计划，针对在2015年7月14日发生的本准则附件六之2.2的内容加以调整，需要在其2015年12月31日当天或之后结束的相应财年内的首次年度股东大会之前，符合修改过的准则。

第一章

1. 名词解释

1.1 除非另行说明，本准则中的术语与SFA或SFR中的含义保持一致。SFA，即证券期货法案。SFR，即证券与期货（集合投资计划）法规2005。

1.2 针对本准则：

a）存款是指银行法案（Cap.19）第4B（4）条中定义的存款。

b）自主基金是指管理人机构内部进行管理的基金，即管理人对基金有大量投入，以及有权限（制）定投资决定。

c）有效的资产组合管理（EPM），交易满足以下条件被视为EPM：I）经济上适宜。II）其对外义务的风险已经被承担。III）至少有以下目的：A）减少风险；B）在风险不显著增加的情况下降低成本；C）在风险不显著增加的情况下增加资本或收入。

在决定是否交易是为了符合经济上适宜时，管理人应当有合理的确信，认为该交易是为了：

I）减少风险或成本，或两者兼具，并且是可感知的。

II）增加资本或收入，计划应当从交易中获得收益（排除非合理可预见的情况）。

d）成本比率是指计划管理中产生的运营成本，而在其净资产中的占比。其计算方式应符合新加坡投资管理协会发布的成本比率披露导则。

e）同系附属公司。在如下公司集团结构中，C（而非X）是B的同系附属公司，A通过直接持股有两个子公司B和C，C有一个子公司X。

f）金融衍生工具是指一个金融工具，其价值来源于或依赖于一个或多个标的资产，价值参考利率或指数。

g）对冲是指利用一系列交易组合，包括可转换证券、货币市场工具、其他计划的份额，或者金融衍生品等，唯一目的是减小与持有其他可转换证券、货币市场工具、其他计划份额以及金融衍生品相关联的风险。

h）持股公司。一个公司或集团的持股公司应当被认为是指代上一个提到的作为子公司的公司或集团。

i）流动性是指某金融工具能够在其市场价格的情形下被转换成现金的能力。决定一个金融工具是否具有流动性，管理人需要考虑以下因素：I）交易成本；II）买卖价差；III）相对于发行规模的持有规模；IV）结算时间；V）市场参与者的数量；VI）该工具的本质和特点。

管理人应当有合理理由，确信这项金融工具不会损害该计划满足其赎回义务的能力，以及满足其他支付承诺的能力［见3.2（a）条款］。

注：其他支付承诺包括因为使用金融衍生工具导致的增加保证金或担保要求。

j）净资产（NAV）是指总资产减去总负债（除去参与人的利息，如果参与人利息被定义为负债）。

k）有组织交易是指在有组织的市场中所进行的交易。

l）有组织的市场是指符合以下条件的询价交易市场或政府

证券交易市场：I）有良好声誉；II）面向公众或大量市场参与者开放；III）金融工具有规律地进行交易。

m）报价是指上市后的报价，在有组织的市场上进行交易。

n）关联公司是指与公司法（Cap.50）第4（1）款有相同含义的公司。

o）回购交易是指回购和反回购交易。

p）软美元佣金/交易是指一种交易安排，在这种情况下，基金管理人用经纪业务，换取经纪人的产品或服务（执行证券交易之外的）。软美元的形式包括研究和建议服务、经济和政治分析、资产组合分析、市场分析、数据和报价服务，以及支持管理人投资过程的电脑软硬件。

q）附属公司。与公司法（Cap.50）第五条中的定义相同。

r）周转率是指每年每单位美元的资产被重新投资的次数。周转率应当如下计算：一个集合计划的潜在投资的购买或出售额中较小的部分，占日均NAV的百分比。

第二章

2. 受托人

2.1 委任条件：受托人要与管理人独立。

注：如果任何人持有受托人股份利益20%以上且同时持有管理人及其关联公司20%以上的股份利益，这种情况不被视为独立。这些股份利益包括SFA第4条（4）（5）的规定。

2.2 功能和责任：受托人应当就投资计划进行公平正当的市场交易。

2.3 运营义务

a）违反SFA条款289（3）。在意识到有违背规定情况之后的3个工作日之内向监管机构汇报。

b）发送会计报表和报告。信托人应当向参与人发送（或致使发送）如下资料：

I）与该计划相关的半年度会计报表和半年度财务报告。发送时间在相关文件覆盖时间范围截至的两个月内。

II）与该计划相关的年度会计报表和年报，以及审计人。发送时间在该计划每个财年结束的三个月内。

会计报表和年报应当通过电子版寄出。电子形式包括如下方面：

I）通过邮件附件发送给参与人提供的邮箱地址。

II）通过电子存储媒介如CD-ROM发送。

III）在网站上发布，并从发布日期起至少保留12个月。

针对上述2.3之b）下的（II）（III）内容，参与者应当被通过纸质版信件或邮件方式被告知，并通知会计和报告可获得，以及如何获得（例如链接URL）。

c） 参与人应当保留在接到通知一个月内请求得到纸质版文件的权力。受托人应当在收到请求两周内，将该文件送至（致使送至）请求人手中。对于未来的报告和报表，参与人有权在任何时间请求无成本获取。

d）计划的终止或到期。在一项计划终止日期前两周内（终止日期即为发送给参与人的通知中所提出的计划拟终止日期）或者在有固定到期日的情况下，在计划到期日前两周内，受托人应当向监管机构汇报如下内容：

I）声明计划中的资产在终止日或到期日已经被实现，以及成果性资金（除去外债）已经按照持有份额，分配给各个参与者。针对在分配中被除去的已经权责发生但尚未支付的外债，信托人需要声明以下内容：i）声明事实；ii）描述这些在外负债；iii）如果已经发生的权责金额是估计产生，则需要描述信托人计划如何处理估计值和最终实际值之间的差额。

II）声明确认自从上一财年年末（被上一次的年度会计报表和报告覆盖），管理人在实操的层面，以及在管理计划的过程中符合信托契约和各类法律法规中对投资和借款权设定的限制（或者是信托契约条款）。

e）受托人应当在其注册的办公室保留声明的副本6年，并且在任何参与人请求的时候予以出示。（这里指在最后一次年报覆盖的最终日期之后和到期/终止日之前这个时间段内的参与人）

第三章

3. 管理人

3.1 功能和职责

a）保持记录：管理人应当向受托人保持指示记录（如果有的话），这些指示记录表明与计划的投资决定所相关的投票应当如何进行。

b）管理人应当保持所有收到的软美元的记录。

c）交易。对此，管理人应当遵守如下方面的守则：

i）与关联公司的交易。不用集合投资计划的资金投资管理人自身的证券或其关联公司的证券。除非这些证券是投资计划的参考基准的一部分，由独立方发起，同时计划满足附件1的2.3条款。

注：为避免疑问，这条禁令不延伸到管理人或其关联公司管理的投资计划。

ii）不将集合投资计划的资金借与其关联方。

注：为避免疑问，在以下机构存有的储蓄金不被认为是借款给这些机构，即在银行法案（Cap.19）下注册的银行，金融公司法案（Cap.108）下注册的金融公司，被新加坡金融管理法案（Cap.186）认定为金融机构的商业银行，以及任何在国外被法律承认的存款机构。

iii）不为集合投资计划购买管理人或其关联公司拥有的不动产，除非这些购买符合附件6之不动产基金的要求。

iv）所有的集合投资计划的交易以公平公正的方式进行。

v）进行的投资和交易与集合投资计划的投资目标相一致。

d）最佳执行。管理人应当尽最大可能保证集合投资计划得到最好的结果，并且应当考虑到如下执行因素：价格、成本、速度、执行和结算的可能性、规模、本质，以及其他任何同交易执行相关的因素。

e）参与人获得会计报表，财务报告和声明的妥善安排。对于从分销商（distributor）手中购买得到集合投资计划份额的参与人，他们的名字不出现在计划的注册单上，管理人应当要求分销商妥善安排这些参与人，保证其获得会计报表、财务报告和声明（如果有）。

f）使用金融衍生品。对于使用金融衍生品的计划，管理人应当保证此类金融工具的风险被合理且持续地衡量、监测和管理。管理人不应当作为投入本集合投资计划的OTC金融衍生品合同的另一方。为了免生疑问，管理人应当保证在处理任何合同对手方（包括其关联公司）时，遵守3.1（d）的规定。

g）使用信用评级。管理人不应该仅仅机械地依赖信用评级机构给出的评级。针对本准则，管理人应该在可能的情况下使用其自己的信用评价方法，去证实评级机构给出的评级。如果不同的评级机构之间，或者外部评级与管理人内部评级之间有结果差异，应当使用低一级的评级。为免生疑问，所有级别都应当基于全球可比的分级标准执行。

h）重大影响。管理人不应当通过集合投资计划以某种方式从事投资活动，因为这将导致其能够对于可投资标的之发行者管理施加重大影响。

3.2 运营义务

a）支付赎回资金。假设一项赎回请求在第T天收到，满足所有公开说明书中明确的条款和要求的文件和信息，那么管理人应当在以下时间内向参与人支付，或致使支付赎回资金：

i）对于债券和货币市场的计划：T+4工作日。

ii）其他类型的计划：T+6工作日，或者是在监管机构允许的有先例的更长时段内。

iii）若一项计划把自己的大部分净资产都投资在其他投资计划中，允许T+7工作日。

针对不动产基金，管理人应当遵守附件6，即不动产基金中关于赎回期的规定。对于对冲基金，管理人应当遵守其公开说明书和SFR第三部分，即附件4中关于赎回期的规定。参与者的账户被增加或者支票被寄出给参与者的当天，资金视为被退回。

注：参与者指的是末端投资者，其持有可获益的投资计划份额，不包括分销商或者CPF代理银行。

b）准备会计报表和财报。管理人应当准备（或者致使被准备）与集合投资计划相关的半年度会计报表、年度会计报表、半年度财报和年度财报，遵守第五章和附件的有关规定。管理人应当及时准备和提供给受托人上述材料，保证有足够的时间让受托人委托审计（如果有审计要求），并在规定的时间范围内交付给参与人［参见第二章3（b）的有关规定］。

c）执行投票权。执行与集合投资计划的投资活动相关的投票权时，如果管理人可能面临利益冲突，应当在与受托人咨询协商后进行。

d）通知重大改变。如果投资计划出现重大改变，管理人应当在不晚于其生效之前一个月通知监管方和现存参与人。重大变化包括，但不限于以下情况：

i）改变投资目的或重心，或曾在公开说明书中或信托契约中声明的投资方式的改变。投资方式指管理人如何选择投资计划的资产组合。

ii）增加管理人或信托人的薪酬（即便增加没有超过信托契约或公开说明书中规定的上限）或者改变薪酬如何决定的机制。

iii）投资计划的任何重要的费用或开销的增加（例如0.1%以上的每股净资产），或者任何参与人需要支付的费用和开销的增加。除非受托人认定这些费用的增加不产生本质影响。

iv）信托契约或者公开说明书的修订，允许新形式的薪酬或者开销成本。

v）替换、撤职和委任投资计划的经理、副经理、投资顾问或受托人。

vi）改变信托契约或者公开说明书中的针对参与人的权利和义务条款（如果这些改变本质上是对参与人不公平的）。

注：在对于是否不公平存在异议的情况下，如果受托人证实该改变对参与人没有本质上的不公平，则不必提前通知监管方和参与者。

vii）从直接投资变成联接型基金结构，反之亦然。

viii）改变公开说明书中披露的担保政策。

ix）如果该计划的重大资产（30%以上的NAV）都投资于另一个基础基金，该基础基金发生了以上3.2（d）中i）~Viii）中提到的所有重大变化。

注：管理人应当尽可能针对任何基础基金发生的实质性改变得到优先通知。如果不能做到优先通知，至少要保证做到3.2（e）中的有关规定。

注：通知应当用清晰简明的，参与人能够理解的语言表达。管理人应当避免使用专业术语，如果该类术语不可避免，应当向参与人提供清晰的解释。

e）尽管有3.2（d）的相关规定，如果经理人不能提前一个月预知重大变化，管理人应当在可实现的情况下尽快通知监管机构和现存参与人。这些变化包括但不限于：

i）因例外情况出现的交易暂停和重新开始。

ii）任何可能实质上影响计划执行的风险和回报的变化。

注：不能提前一个月预知可能实质上影响计划的风险及回报的变化包括重大的总体市场情况的非预期变化，计划投资的产业、板块或国家或金融工具的特定变化。

iii）OTC（柜台交易） 金融衍生品、证券出借、回购交易的重要对手方的重大变化，如果这些变化可能实质性地影响其实现对本计划负有的义务的能力。

注：例如，如果一个指数基金使用的OTC金融衍生品的对手方被用来复制一个指数，那么这个对手方被视为重要对手方。

iv）指定的做市商暂停了做市业务。

f）信托契约的修正。任何信托契约的修正，管理人应当得到参与人的特别决议，除非信托人可以证明：

i）该修正不会本质上损害参与人的利益，也不会降低管理人对参与人的责任。

ii）改变投资计划或者参与人的权利和义务（需要通过信托契约的修改来实现），是有必要的，且为了符合现行的财政、法令或官方要求（不管是否执行）。

iii）该修正是为了移除过时条款或更改明显的错误。

g）现金回扣和软美元。管理人不应该把因投资计划在新加坡境内或境外执行交易而产生的现金或佣金回扣存入自身账户。

h） 管理人不应当在投资计划管理中保留软美元，除非满足以下条件：

i）收到的软美元有合理预期能帮助管理人进行投资或与计划相关的服务。

ii）交易得到了最佳执行。

iii）管理人不因为需要达到换取软美元资格的交易数量，而进行不必要的交易。

i）旅行、住宿和娱乐一类的商品和服务的收取不符合3.2（h）（i）的规定，是被禁止的。

j） 在CPF（公积金）集合投资计划承认下的集合投资计划。管理人不应当对因公积金投资的失败交易（CPFfailed trades）收取任何费用。

3.3 委托（delegation）

a）如果一项计划的NAV被附属管理（sub-managed），管理人应保证该计划的投资符合准则规定，并且：

i）有足够的监管措施来监督被委托人的行为，保证委托或外包出去的功能被合适和有效率地执行。

ii）对其有足够控制，以保证符合信托契约、法律和法规的有关规定。

b）如果10%以上计划的NAV在国外被附属管理，管理人（加上其关联公司）应当已经在新加坡管理至少5亿新币的自主基金。

c）如果一项投资计划申请其10%以上的NAV在国外被另一个管理人附属管理，监管机构在评估时会考虑是否该附属管理人是有声望的，并且被可承认的金融监管机构监管。

3.4 投资其他投资计划

如果一项计划10%以上的净资产被用来投资其他在国外管辖范围内注册的投资计划，管理人应当已经在新加坡管理至少5亿新币的自主基金。

3.5 付款

a）投资计划不得进行实质上有损参与人或潜在参与人利益，或对参与人或潜在参与人利益不公平的付款。

b）管理人不应当用投资计划支付（或致使支付）任何信托契约中没有提到的费用。

c）管理人不应当用投资计划支付（或致使支付）任何营销或促销费用。这些费用包括媒体广告、邮件、资料单。但不包括准备、打印、存放和分发情况说明书、声明文件以及重点产品单的费用。

3.6 业绩费

a）应付的业绩费应当满足以下标准：

i）计算业绩费的标准对于每个参与者都是等同的。

ii）业绩费应该在扣除其他所有费用之后再计算和发放。

iii）业绩费累计时段和其兑现频率应当合适。兑现业绩费的频率不超过每年一次。

iv）计算方法。计算业绩费应当基于：A）支点费；或B）高水位线的安排。

v）根据3.6（a）（iv）（A）的安排，支点费应当根据投资计划相对于特定基准的投资表现等比例来增加或减少，并限制在基础费用的0%～200%之间。

注：支点费占投资计划每股净资产的百分比应当用对称的方式应用。例如，基础费用的百分比是1.5%，那么支点费应当是0%～3%之间。

vi）根据3.6（a）（iv）（B）的安排，高水位线只有在每个业绩时期投资计划的NAV达到了历史新高的情况下，被重新设定为投资计划的NAV。

注：只要投资计划的NAV达到了历史新高，高水位线就应当被重新设置为NAV。因此，如果业绩费按年度计算，投资计划的高水位线应当在该业绩费计算的那一年的末尾被调整，不管业绩费是累计还是兑现（accrues or crystallise）。

vii）业绩费计算应当基于合适的基准，例如指数、限定的正收益率（固定或浮动），或者任何其他考虑到投资目的并可持续应用的因素。

b）管理人如果想应用3.6（a）（iv）中未提到的业绩费计算方式，应先咨询监管机构。

c）披露要求。如果有业绩费的发放，公开说明书中应当包括以下披露的信息：

i）业绩费发放的事实以及发放对象。

ii）（如果适用）即使投资计划的回报是负的，业绩费也可以被征收。

iii）业绩费在年度会计时段内，最大的数额或在每股净资产中占比最大。

iv）图表或数字举例，表明业绩费的计算方法。

v）投资计划是否做到了业绩费的均等化。如果没均等化处理，需陈述这可能如何影响参与人承担的业绩费数额。

举例：支点费安排

XYZ全球资本基金针对计算业绩费采取支点费的方法。基准是MSCI世界指数回报率。投资计划支付2%的基础费和10%的业绩费。假设该基金的回报率和基准率在未来4年如下图所示：

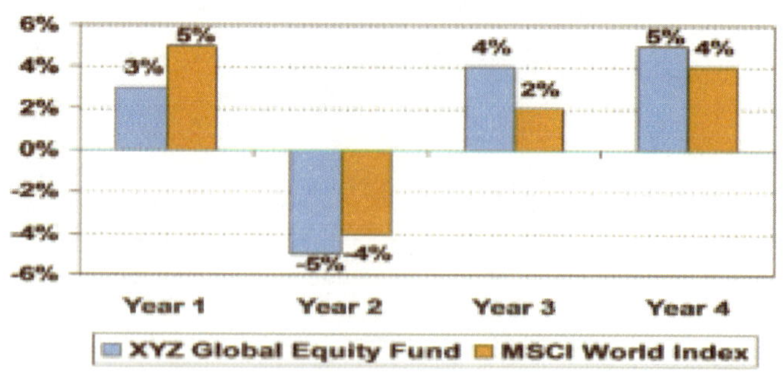

管理费和业绩费的计算方法如下表所示：

	Year 1	Year 2	Year 3	Year 4
Base Fee	2.0%	2.0%	2.0%	2.0%
Performance fee	(3 - 5)% x 10% = -0.2%	[(-5) - (-4)]% x 10% = -0.1%	(4 - 2)% x 10% = 0.2%	(5 - 4)% x 10% = 0.1%
Fulcrum fee	2.0% - 0.2% = 1.8%	2.0% - 0.1% = 1.9%	2.0% + 0.2% = 2.2%	2.0% + 0.1% = 2.1%

简单起见，以上例子假设基础费和业绩费是基于每年末尾的每股净资产计算。

举例：高水位安排

XYZ全球资本基金针对计算业绩费采取高水位（HWM）费的方法，基准是MSCI世界指数，门槛是MSCI世界指数的回报率。投资计划支付2%的基础费和10%的业绩费。假设该基金的回报率和基准率在未来4年如下图所示：

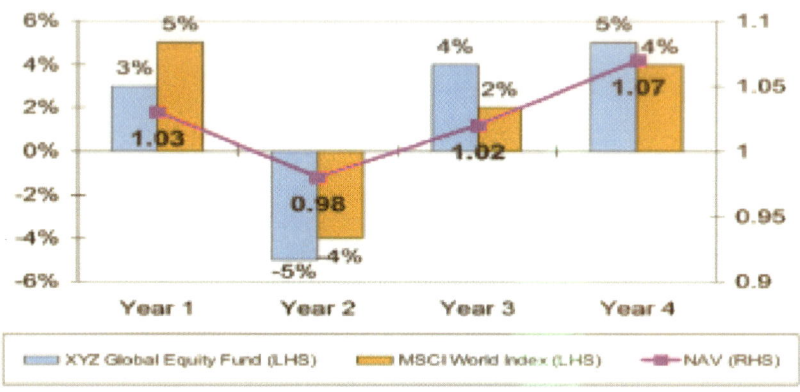

管理费和业绩费的计算方法如下表所示：

	Year 1	Year 2	Year 3	Year 4
Above HWM?	HWM = 1.00, Yes	HWM = 1.03, No	HWM = 1.03, No	HWM = 1.03, Yes
Above Hurdle?	No	No	Yes	Yes
Performance Fee	None	None	None	(1.07 – 1.03) x 10% = $0.004
Management Fee	2.0% x 1.03 = $0.0206	2.0% x 0.98 = $0.0196	2.0% x 1.02 = $0.0204	2.0% x 1.07 = $0.0214
Total Fee	$0.0206	$0.0196	$0.0204	$0.004 + $0.0214 = $0.0254

简单起见，以上例子假设基础费和业绩费是基于每年末尾的每股净资产计算。

第四章

4. 投资计划

4.1 投资计划的名称

a）投资计划名称应当：i）合适的；ii）不是不受欢迎的；iii）不具有误导性。

b）评估投资计划的名称是否不受欢迎或者具有误导性，监管方会考虑名字是否有如下情形：

i）与其他投资计划名称有很大程度的相似。

ii）暗示投资计划有不被证明的优点。

iii）暗示管理人有不被证明的特殊品质。

iv）与投资计划的目的或方法不符。

v）暗示该计划不是一个集合投资计划（例如描述该计划为plan或account）。

vi）可能误导潜在参与人认为管理者之外的其他人对该投资计划负责。为免生疑问，合适的情况下，名字中可以使用缩略词。

注1：如果计划的名字反映了计划的投资地点、专注性、资产类型和专注板块，符合投资计划的目标、方法和投资范围，那么即被视为是合适的。如果缩略词的使用反映了指数提供者、评级机构或地理区域（例如MSCI、S&P、BRIC），且符合投资计划的目标或方法，那么也可能被接受。

注2：在评估是否可以在投资计划名称中包含术语"投资基金的基金"的时候，监管方会考虑投资计划的主要投资方式是否是把全部/大部分资产投入到5个以上的基础基金里，即通过"投资基金的基金"这样一种方式。如果是，则被视为可接受。

注3：如果投资计划的名字包括或使用附件中提到的术语（例如"资本保障 capital guaranteed"），投资计划必须符合相关规则的要求。相反，如果其使用术语而不符合相关要求，则这个名称被视为不合适。

c）投资计划的单位分级名称不应是不受欢迎的或有误导性的。

d）在投资计划名称或描述中禁止使用如下术语（或衍生形式）：i）资本保护（capital protected）；ii）本金保护（principal protected）。

4.2 禁止活动。投机计划不能直接参与如下活动：

a）直接借出资金。

b）提供担保。

c）保险业务。

d）短期抛售做空（除非这来源于投资的金融衍生品，符合附件1中第4、5条的规定）。

4.3 限制负债。参与人的负债应当限制在他们在投资计划中的投资之内。对此，投资计划的信托契约必须包括具体条款，将参与人的负债限制在他们在投资计划中的投资之内。

4.4 投资：核心要求。投资计划应当遵循的核心投资准则和借款限制参见附件。如果投资计划包括一种创新的或新结构、风险或投资政策、管理人需要，在其申请授权之前需咨询监管方。

第五章

5. 会计报表和财务报告

5.1 会计报表

5.1.1 管理人应当准备半年度财务声明，以及经过审计的财务声明，分别对半年度报告和年度报告，进行符合相关法规标准的审查（新加坡公共会计资格机构发布的建议及会计准则声明中的第7项：单位信托的报告框架）。

5.1.2 半年度报告和年度报告在如下情况下可以不必要准备，以及审计和发送：

a）时段结束距离投资计划最初发起不足三个月。但是首次准备并发送给参与者的半年度和年度报告应当覆盖这些最初发起的时段。

b）时段结束并需要在投资计划的终止日或到期日一个月之前发送给参与者。

注：例如，如果投资计划的终止日或到期日在20X2年4

月30日之前，某投资计划在20X1年12月31日结束的财年的年度报告（应当在20X2年3月31日之前被发送给参与者），可以允许不被准备、审计和发送给参与者。

5.2 财务报告

半年度报告和年度报告，基于一个投资计划的财年，应当包括以下内容（如果适用）：

a）在汇报当期末尾，投资标的的市场价值以及占投资计划NAV的百分比，按照以下标准进行分类：i）国家；ii）产业；iii）资产分级；iv）信用评级。

b）市场价值排名前十的投资标的，以及在汇报当期末尾和上一年此类投资在投资计划NAV中的占比。

c）金融衍生品，具体包括：

i）金融衍生品合同的市值以及在汇报当期末尾占投资计划NAV的百分比。

ii）金融衍生品合同在汇报当期产生的已实现的净盈利和净损失。

iii）还在生效中的金融衍生品合同，按照市值在汇报当期的净盈利和净损失。

d）在汇报当期末尾，投资其他投资计划的金额及其占投资计划NAV的百分比。

e）在汇报当期末尾，外部借款的金额及其占投资计划NAV的百分比。

f）汇报当期的赎回和认购金额。

g）汇报当期的关联方交易。

h）用一致的形式展示投资计划的表现以及基准的表现（如

果适用），覆盖以下时间段：3个月、6个月、1年、3年、5年和10年，以及自从投资计划开始。收益应当在买方报价的基础上（bid-to-bid basis）计算，分红被按照买方价格再投资。对应基准的变化也应当被披露。

i）汇报当期和前一年的成本比率。脚注应当声明，成本比率不包括（如果适用）经纪和其他交易费用、业绩费、外汇收益或损失、买卖其他投资计划产生的前端或后端费用，以及源头或收入带来的免税。

j）汇报当期和前一年的周转率。

k）任何可能影响投资计划估值的实质性信息，例如公开协议中将要有可能发生的负债。

l）如果管理人将30%以上的NAV投资于其他投资计划，应公开下层投资计划的以下重点信息：

i）市场价值排名前十的投资标的，以及在汇报当期末尾和前一年此类投资在投资计划NAV中的占比。

ii）汇报当期和前一年的成本比率。脚注应当声明，成本比率不包括（如果适用）经纪和其他交易费用、业绩费、外汇收益或损失、买卖其他投资计划所产生的前端或后端费用，以及源头或收入带来的免税。

iii）汇报当期和前一年的周转率。

注：如果底层投资计划是被境外管理人管理，且该管理人和新加坡管理人属于同一集团（或有正式的安排和投资协议），上述信息应当在底层投资计划中被披露。否则，此类关于底层投资计划的信息应

当只在可能的情况下向新加坡管理人披露。

m）要声明每一笔从为本计划执行交易的经纪人手中获得的软美元。如果经纪人同时为管理人管理的其他投资计划执行交易，需要声明这可能产生的影响。管理人还应当保证获得的商品和服务是有利于投资计划的，交易在最佳执行的基础上进行，并且无炒单（churning）行为。

n）当投资计划提供了预定支付时，需要解释实际参与人收到的实际付款的计算方式，以及任何与预定支付产生的重大偏离。

第六章

6. 交易和估值

6.1 计划单位交易。管理人在进行投资计划单位交易时，应符合信托契约和公开说明书的规定，并且在任何情况下至少每月有一个交易日。

6.2 交易暂停，具体包括：

a）只有在确认暂停交易符合参与人的最大利益时，管理人可以在例外情况下暂停交易。

注：仅仅是短期的流动性短缺和实现投资计划资产上的困难并不足够作为暂停交易的标准。

b）如果投资计划单位交易被暂停，管理人应立即通知监管方，并陈述原因。

c）暂停交易应当马上撤销，如果例外情况不再存在，或者在暂停开始后的21天，如果管理人说服受托人暂停交易是符合参与人的最大利益的，暂停期可以延长。这种暂停期延长应当每周被受托人重新检查一次。

6.3 交易的重启。当管理人重新开始交易，受托人应当通知监管机构。

6.4 估值。投资计划中单位份额的估值，具体包括：

a）投资计划的NAV除以在外流通的单位数，得到一个价格。管理人应当在此价格基础上进行计划单位的发行、回购或赎回。计划单位的价格可以根据信托契约或公开说明书，通过增加或减少费用进行调整。如果是上市的封闭型基金，管理人应当根据相应证交所的上市要求进行单位的发行、赎回或回购。

b）管理人应保证投资计划的净资产计算方法有连续性，符合相关法律法规的规定（新加坡公共会计资格机构发布的建议会计准则声明中的第7项：单位信托的报告框架）。

c）符合附件4中提到的资本保障型基金要求的投资计划，其计划单位的赎回价格应该等于以下两者之间的更高者：每股净资产/担保金额。

d）6.4.（a）中提到的不适用于投资计划IPO阶段的投资计划中的资产估值。

e）投资计划中的资产估值，在投资报价的情况下，应当基于如下原则：

i）进行该投资报价的有组织交易市场上的官方收盘价或最后一次公开的交易价格。

ii）进行该投资报价的有组织交易市场上固定截止时间时的交易价格。该截止时间应当在投资计划的公开说明书中说明，并具有连续性。

除非这些价格不具备代表性或市场无法获得。管理人应当谨慎而有信用地决定这些价格是否具有代表性。

f）投资计划的资产价值包括以下情况：属于非报价投资，或属于报价投资，但报价不具备代表性或市场无法获得。在此类情况下，应当根据市场价值决定。市场价值是指该投资计划在合理预期下在当下时点卖出而投资能够获得的收入。市场价值应当谨慎而有信用地被决定，管理人应当保证决定市场价值的方式被记录。

g）在报价交易之外，所有投资计划的投资都应由某个被受托人视为有资格的人员进行评估。

h）当投资计划的资产（或实质性的一部分资产）的市场价值不能确定之时，管理人应当暂停估值以及与计划单位的交易。

i）市场报价之外的方式。如果受托人同意，投资计划的资产估值可以通过6.4（e）和6.4（f）中所提到的方式以外的其他方式进行。这种估值应当由某个被受托人视为有资格的人员进行评估。

j）评估的频率。管理人应当保证投资计划的单位，在每个工作日都被估值，如果该计划：

i）不是每个工作日都进行交易，那么就应该在每个规律的交易日进行估值，但是任何情况下至少每月1次。

ii）是不动产基金，符合附件6中关于不动产基金的规定，那么至少每年估值一次。

k）管理人应当根据6.4（j）的规定，每个交易日至少公开一次投资计划份额的价格。

四舍五入差别

在计算投资计划单位应当发行、赎回或回购的价格时，可能需要对结果四舍五入，以得到一个确定的价格（见下图所示）。当计算发行给一个参与者的投资计划单位数量时，可能也需要四舍五入得到一个整数单位数量。四舍五入带来的价格差别或数量差别，应当增加到投资计划中。

Example: Crediting of Rounding Differences

Price per unit	=	NAV / Number of units outstanding
	=	$122.4 million / 100 million
	=	$1.224

Assuming a participant with 10,000 units redeems all his units at $1.22 per unit, the scheme should then be credited with a rounding difference of:

$(1.224 - 1.22) × 10,000	=	$0.004 × 10,000
	=	$40.

Illustration 3: Crediting of Rounding Differences

6.5 估值错误和补偿

a）当管理人意识到在计算每股净资产时出现了错误时，管理人应当尽快通知监管机构和受托人，使用上图中设定的模版。估值负责人应当对估值错误发生的时间段内的每一个估值日所得到的结果进行修正，以减小错误的规模。

b）当估值错误占到净资产0.5%以上时，在调整错误之后，管理人应当补偿：

i）受影响的参与者，并通知他们做出的补偿。

ii）投资计划因为估值错误产生的损失。

c）当估值错误不到净资产的0.5%时，管理人无需对受影响的参与者和投资计划进行补偿。然而，如果管理人选择补偿一个或多个参与者，那么管理人应当对其他所有投资计划的参与者以相同方式进行补偿。

d）因为估值错误和补偿带来的成本，管理人不应该从投资计划中进行支付（或致使支付）。

e）如果管理人已经令各方满意地完成了该项补偿，受托人应当通知监管机构。

估值错误报告模版

估值错误报告应当使用管理者公司的信头，并通过电子版送出，报告应包括以下信息：

1.陈述投资计划的名字和因估值错位被影响的计划单位的级别。

2.描述错误的本质（高估或低估），并陈述错误的程度，用投资计划净资产的百分比表示。

3.附带一份估值错误的计算方式。

4.陈述如何发现估值错误的。

5.提供估值错误的详细原因。

6.指明应当为此错误负责的实体。

7.声明估值错误覆盖的时间段。

8.如果需要进行补偿（估值错误在NAV的0.5%以上）。且声明受到影响的计划参与者数量（按照基金注册表中的记录），这些影响包括在估值错误期间进行的认购和赎回。

9.声明参与者和投资计划（如果有）应当被补偿的金额。

10.声明支付此补偿的实体。

11.附带一份整体需要补偿的计算方式。

12.描述后续（即将）进行的措施，以提升内部控制，防止相似事件的发生。

第七章

7. 违反规定

7.1 矫正。管理人应当尽可能快地矫正任何违规行为。管理人不应参与任何可能加重违规行为的交易。

7.2 通知，具体包括：

a）管理人应当在其意识到违反了本规则中第一和第二部分的规定和限制之内的3个工作日内通知监管机构。为免生疑问，这项要求同样适用于在SFR第7章（1）（a）下所规定的受托人的义务。

b）尽管有7.2（a）的规定，一些违规行为可以不必要向监管机构汇报，只要这些违反行为在3个月内按照7.1的规定被矫正。（或者在其他特殊说明的时间段内）这个时间段可以被延长，如果管理人能够说服受托人，这符合参与人的最佳利益。时间段延长应当每月被受托人重新审核，前提是这些违规行为来源于：

i）投资计划下层的投资计划的升值或贬值。

ii）投资计划的份额赎回或对外支付。

iii）公司资本的变化。

注：例如一个公司在外流通的总股数因为新发行或发福利而产生变化。

iv）该投资计划追随的基准的某项组成权重的减少。

v）信用评级下降或中断。

第八章

8. 管理的资产

除了SFA中的法律规定，投资计划的管理人（及其关联公司）应当在新加坡境内管理至少5亿新币自主基金。对于此项，投资计划中任何已经经过上市批准或正在进行上市交易的单位，此项要求不适用。

第九章

9. 认定计划和注入底层投资计划的授权计划

9.1 市场材料披露，具体包括：

a）如果一项认定计划，或是一个授权计划的底层计划想要使用或投资金融衍生品，关于此意向的显著声明应当包括在其市场营销材料中。

b）如果一项认定计划，或是一个授权计划的底层计划的NAV可能因为其投资策略或资产组合管理技术而有较高的波动性，关于此方面的显著声明应当包括在其市场营销材料中。

9.2 持续的通知，具体包括：

a）如果一项认定计划，或是一个授权计划的底层计划所在地的金融监管机构施加或改变任何相关管辖权的限制，监管机构应当尽快得到通知，并不晚于认定计划，或是一个授权计划的底层计划的负责人接到通知后的第14天。

b）投资计划的风险管理过程（如果适用）记录一旦被修改，需要上交给监管机构。修改过的记录应尽快上交。如果是认定投资计划，应不晚于其提交给所在地金融监管机构并得到通过后的1个月。如果是底层计划的记录修改，注入该底层计划的授权计划应当在得到通知后的

1个月内通知监管机构。

第十章

10. 东南亚国家联盟集合投资计划框架下的集合投资计划

10.1 定义

在本章中，“ACMF”指东南亚国家联盟（ASEAN）资本市场论坛。“ACMF成员”指相应的东南亚国家联盟管辖权的证券监管机构。“ASEAN CIS 框架”是指整合过的建馆框架，即针对跨境ASEAN集合投资计划，根据AMCF在第13届ASEAN财长会上注册的执行计划。“MOU”是指理解备忘录，针对2013年10月1日签订的ASEAN CIS框架。“成员管辖权”指每个ACMF成员（签订者）的管辖权，集合起来成为成员管辖权。“签订者”，指的是名列MOU附录A的ACMF成员，签订了ASEAN CIS框架协议。“符合条件的CIS标准”，是指一系列在ACMF成员中达成共识的法律法规（可能随时修改），保证了ASEAN CIS框架的运营，并在http://www.theacmf.org/ 网站上公布。

10.2 新加坡组成的投资计划在其他成员管辖范围内发行

a）根据ASEAN CIS框架，管理人可在其他成员管辖权下发行投资计划，需满足如下条件：

i）该投资计划在新加坡组成（constitute），并且被新加坡监管机构授权（SFA第286条）。

ii）该投资计划被监管机构认定为合适的符合条件的CIS。

iii）投资计划的发行单位已经或即将同时在新加坡发行。

iv）投资计划、管理人和受托人都满足SFA的要求，以及任何针对授权投资计划的准则的要求。

v）投资计划、管理人和受托人满足“符合条件的CIS标准”规定。

b）本准则3.2（a）中的规定不适用于一个在其他成员管辖范围内发行的授权计划。

注：管理人应当保证在其他成员管辖范围内的发行应符合当地法律法规。

10.3 境外组成的投资计划在新加坡发行

a）根据ASEAN CIS框架，一个境外管理人可以在新加坡发行投资计划，并满足以下条件：

i）该计划在境外管辖范围内组成，并且得到境外监管机构准许发行。

ii）该投资计划被境外监管机构认定为合适的符合条件的CIS。

iii）根绝SFA第287条，该计划已经被认定。

iv）投资计划的单位已经或即将同时在境外管辖范围内发行。

v）投资计划、管理人和受托人/监管人都满足SFA的要求，以及任何针对认定投资计划的准则的要求。

vi）投资计划、管理人和受托人/监管人满足“符合条件的CIS标准”规定。

b）本准则第8章不适用于根据ASEAN CIS框架在新加坡发行的认定投资计划。

新加坡集合投资计划准则（第二部分）
（新加坡金融管理局）

XINJIAPO JIHE TOUZI JIHUA ZHUNZE DIER BUFEN
XINJIAPO JINRONG GUANLIJU

附录三

新加坡集合投资计划准则（第二部分）①

附录6② 投资：不动产基金

1. 范围和定义

1.1 本附件应用于不动产基金投资计划，指的是其投资或意图投资的主要是房地产和与房地产相关的资产。不动产基金可能在或不在证券交易所上市。

1.2 针对本附件有如下概念需知晓：

a）关联方，包括：i）与任何董事、CEO或管理人的控股股东，或不动产基金的控制性份额持有者（个体）相关的人，指的是：

A）他的配偶、子女、养子女、继子女，兄弟姐妹或父母。

B）任何信托的受托人，如果他或他的直系亲属为信托受益人或全权信托中的全托客体。

① 本部分适用于不动产基金。为避免疑问，不动产基金的管理人和受托人应当符合1-7章的规定，除了2.3（b）、3.2（b）、5.1和5.1的规定（针对半年度和年度报告的准备、内容和发送），3.6针对业绩费的规定和4关于投资计划的要求。

② 因本部分的附件1、2、3、4、5与REITs管理规则关联不大，特删除。仅保留关联性较强的附件6部分——本书作者注。

C）任何他和其直系亲属共同（直接或间接）持有30%以上权益的公司。

ii）与任何管理人的控股股东，或管理人、受托人，或不动产基金的控制性份额持有者（公司）相关的人，指的是与上述公司有如下关系的公司：1）附属公司；2）母公司；3）母公司的附属公司；4）在1）2）3）中提到的合计持有30%以上的股权的公司。

b）现金等值物是指具有与现金一样具有高流动性和安全性的工具和投资。

c）控股基金单位持有人是指具有如下权限的某个体：

i）直接或间接持有该不动产基金15%以上的名义可投票份额。监管机构有权决定此人不被认定为控制性份额持有人。

ii）实际上有不动产基金的控制权的人。

d）存置资产是指不动产基金全部资产的估值，及基于上一次估值的结果。

e）案头估值是指基于交易价格或其他相似房地产资产的收益的估值，而不基于对被评估为不动产的实地检验。

f）利益相关方指：

i）不动产基金的董事，CEO或管理人的控股股东，或管理人，或受托人，或不动产基金的控股基金单位持有人。

ii）以上提到的人的关联方。

g）房地产相关资产是指房地产公司上市或非上市的债券和上市的股票、贷款抵押担保证券、其他房地产基金，以及与房地产产权相关的附属物（例如家具）。

2. 不动产基金管理人

2.1 管理人可以选择在不动产基金上市的时候与不动产基金达成管理协议。如果管理协议中包含提前终止的补偿条款，该条款需要满足：

a）与管理人职责范围内的商业服务表现清晰相关，补偿数额基于客观基础。管理人需要谨慎考虑相关安排，担负起其代表参与人利益的责任。

b）不超过5年，且待支付给管理人的总金额不超过其在剩余时间内未得到管理费用的固定部分（不包括浮动费用和业绩费）。

c）如果管理人的终止是因为非正当原因，例如腐败、不作为和忽视，则无需补偿。

2.2 付给管理人的业绩费应当符合以下条款：

a）兑现业绩费的频率不超过每年一次。

b）业绩费应当与合适的参数相关联，该参数考虑到不动产基金及参与者的长期利益。

c）业绩费不应与不动产基金的总收入挂钩。

3. 不动产基金的受托人

3.1 受托人应当用谨慎勤勉的态度履行其功能和职责，包括保护参与者的权利和利益。

3.2 受托人应用合理的关注，确保：

a）不动产基金拥有的房地产资产具有合法的、可交易的产权。

b）以不动产基金名义签署的实质性合同（例如租赁协议）是合法、有效、有约束力的，并且可以通过不动产基金的名义执行。实质性合同包括组成房地产基金收入5%以上的合同，或者是不计入不动产基金日常运营行为的合同。

3.3 管理人安排了与不动产基金拥有的房地产资产相关的足够保险金额。

4. 信托契约中有关解除管理人和召集会议的条款

4.1 不动产基金的信托契约中应当包括以下条款：

a）由基金参与人出席并全部行使投票权的普通会议上作出的、简单多数通过的决议，可以解聘基金管理人。

b）应不少于50个基金参与人或代表不少于10%已发行不动产基金单位的基金参与人的书面要求，普通会议可以被举行。

c）在其他会议之外的一个“年度普通会议”应该每个日历年举行一次，并且距离上一次举行不超过15个月。但只要不动产基金在其组建的18个月之内举行了第一次年度普通会议，在其组建当年或下一年，无需举行年度普通会议。

d）从上一次会计报表（或者是不动产基金组建后的第一次会计报表）的日期，截至到某个不超过普通会议日期4个月之前的日期，这一时间段的总收益声明应当在开普通会议之前被准备好。同时应当准备一张截至日期当天的资产负债表，针对不动产基金在此时间段末尾的事务状态给出真实公正的说明。

e）在年度普通会议上被展示的收益声明和资产负债表，应当伴有一张管理人签署的文件，声明是否其认为，该收益声明针对该段期间不动产基金的运营成果进行了真实公正地展示，该资产负债表针对当期期末不动产基金的事务状态进行了真实公正地展示，以及是否在声明当天有足够理由相信当不动产基金的债务到期时，不动产基金可以进行偿还。

f）在年度普通会议上，一名或多名人员应当被指定为基金的审计员，并保持在职，直到下一次年度普通会议召开。除非他辞职或在普通会议上通过决议被移除，并指定了一个新的审计员。

g）审计员（们）的薪资应当在年度普通会议上敲定，或者在上一次年度普通会议上，参与者们授权管理人确定。

4.2 在召集和举行普通会议时，应当遵循公司法（Cap.50）相关条款以及公司治理准则2012年版中的规定。

4.3 在年度普通会议上被展示的收益声明和资产负债表，应当符合本准则5.1.1中关于财务报告的规定，并且被负责人的审计，需伴随着审计人给管理人的报告。

4.4 针对本附件4.1（a），本支不动产基金在证券交易所上市时，不得有任何实质性地限制参与者解雇管理人的安排。这些安排只能在上市之后通过以下方式产生：

a）在普通会议上，该项安排被出席并投票的简单多数的参与者特殊决议通过。管理人及其利益相关方不应参与投票。

b）应当有受托人指派的独立金融顾问的意见，声明是否这项安排属于普通商业条款，是否会损害参与人的利益。

5. 利益相关方交易

5.1 不动产基金可以与利益相关方之间进行资产买卖，或投资利益相关方本身的或发起的证券，只要满足以下条件：

a）在招股书（如为不动产基金的首次发行/发售）或通函（如在不动产基金的存续期间）中有明确充分的披露，应说明如下情况：

i）关联方的身份及其与不动产基金的关系。

ii）资产被收购或出售的详细情况，包括对这些资产的描述及其位置。

iii）资产被收购或出售的价格。

iv）评估的详细情况（评估人姓名、估值方法、评估日期）和评估值。

v）现有/期望的租赁回报。

vi）能够收到的最低认购额（当交易以不动产基金收到所述认购额度为条件时）。

vii）与潜在投资人决定是否投资于不动产基金相关或与基金参与人决定是否批准所建议的交易相关的其他事宜。

b）就首次发行/发售不动产基金时进行的交易，计划已经签订协议，依照（a）（iii）项申明的价格从关联方那里收购那些资产。如交易取决于不动产基金收到最低额的认购时，协议应对此有所反映。

c）那些房地产资产的每一项，已根据第8段的规定进行了两次独立评估，其中一个估价师由受托人独立委任。

d）那些资产的每一项，从关联方收购，价格不高于这两次评估中的高值；出售给关联方，价格不低于这两次评估中的低值。

e）受托者提供书面确认，认为交易遵守正常商业规范，当基金参与人对该交易的批准不被要求时，没有损害基金参与人的利益，而且：

i）收购时，交易价格不是两次评估中的低值。

ii）处置时，交易价格不是两次评估中的高值。

f）当处置资产时，管理人的审计委员会提供书面证明，管理人采取了必要的步骤，保证资产处置的条款与假设将资产处置给非利益相关方时的条款是基本一致的。为免生疑问，由SPV发行的贷款抵押担保证券不在本条规定的范围内。

5.2 不动产基金应该：

a）当提议的交易相当于或大于不动产基金资产净值的3%时，立即公告该交易。

b）当提议的交易相当于或大于不动产基金资产净值的5%时，立即公告该交易并获得基金参与人会议的多数票。除作为基金参与人涉及的利益外，在商业、财务或个人方面与交易结果有利益关系的人士，不允许在批准该交易的决议中投票。

注：对于在交易所上市的不动产基金，按照交易所的上市规定，公告应当通过交易所进行，并对公众发布。对于非上市的不动产基金，公告应当或者通过至少一份在新加坡广泛流通的报纸的付费广告发布，或者给参与人寄送通函。

5.3 针对5.2条，在当期财政年度内，与同一关联方的所有交易的价值应当累计。然而，如果一项交易已经得到参与人允许，或者是另一件得到参与人允许的交易的累计对象，则不必要在之后的累计中被包括进去。

注：不动产基金与同一集团的不同成员的交易，被视为与同一关联方的交易。

5.4 针对5.1～5.3 的规定，购买或出售资产的协议应当在以下时间段内被完成：

a）如果与关联方的交易发生在不动产基金首次发行/发售时，在首次发行/发售结束后6个月之内。

b）如果与关联方的交易在首次发行/发售之后：i）当交易金额少于不动产基金资产净值的5%时，在协议订立之日起6个月内；ii）当交易相当于或大于不动产基金资产净值的5%时，依据5.2（b）项的规定。基金参与人批准该交易之日起6个月内。

c）当关联方交易在当期财政年度内不止一宗且最近一次交易导致5.2（b）条所述5%的限额被超过的情况下，在最近一次交易被基金参与人批准之日起6个月内。

5.5 不动产基金并不禁止关联方作为计划财产的物业管理方或市场推广机构，只要保证：

a）付给关联方的费用或佣金不高于市场平均水平。

b）与关联方达成的协议不包括任何实质性条款来限制管理人更换代理机构。

注：仅仅是“管理人有权力因为某些原因而更换代理人”的条款不足以满足上述要求。

5.6 管理人的审计委员会应当：

a）至少每2～5年一次，或者更加频繁（如果代理人的守约记录表现不良），以确认管理人完成以下职责：

i）定期检查代理人是否遵循协议规定。

ii）必要的情况下采取补救措施。

b）记录其得出结论的理由。

注：审计委员会的检查时间间隔应当与代理协议相称。

5.7 如果不动产基金向关联方收购或处置资产时，管理人能得到一笔按百分比提取的业绩费，那么这笔业绩费需要以不动产基金单位的形式给出，价格为当时的市场价。且这些基金单位在一年内不得出售。

6. 允许的投资范围

6.1 根据第7章的规定，不动产基金只能投资在以下领域：

a）房地产，无论拥有所有的还是租赁权，新加坡境内还是境外。对房地产的投资可以是直接拥有产权，或是持有未上市的特殊目的投资工具的股权（SPV持有房地产资产产权）。投资另一家不动产基金［该不动产基金需通过SFA法案286（1）授权］，在本附件中被视为投资于房地产。

b）房地产相关资产，无论发行人/资产/证券在何处设立/坐落/发行/交易。

c）当地或国外非房地产公司拥有或发行的上市或未上市的债券及上市股票。

d）国债（代表新加坡政府或其他国家政府发行的债券）和超国家机构或新加坡法定机构发行的证券。

e）现金和现金等价物。

6.2 不动产基金可以依据其信托契约的规定，投资于本地或国外资产。当投资于国外房地产资产时，基金管理人必须保证此项投资与国外的法律和规章相符，例如那些与该房地产在国外的所有权和有效所有权相关的法规。

6.3 当投资于租赁物业时，基金管理人应当考虑租期的剩余时间、不动产基金的目标，以及不动产基金现有资产组合中的租赁物业组合情况。

6.4 当作为共同所有人投资于房地产时，不动产基金应当通过以下方式进行：

a）直接作为共同房东投资该资产。

b）购买未上市的特殊目的投资工具（用来持有房地产产权）的股权或权益。

不动产基金应当可以自由地处置该项投资。其他共有产权的安排只有在其为了满足在境外其他管辖权下的法律或规定要求的情况下才被允许，或者有其他正当的理由。在做出其他共有产权安排之前，需要先得到监管机构的允许。

6.5 针对本附件6.4条，诸如合资协议、备忘录、联合条款和其他构成文件应当规定如下内容：

a） 特殊目的投资工具可分配利润的最低比例。不动产基金有权按比例得到此项分配。

b） 特殊目的投资工具主要运营问题的否决权，包括：

i）合资协议、备忘录，联合条款和其他设立文件的修改。

ii）业务的停止或改变。

iii）清盘或解散。

iv）股权结构变化。

v）分红政策变化。

vi）证券的发行。

vii）借款的发生。

viii）以其资产作为担保产生证券。

ix）资产的转让或处置。

x）资产提升和资金支出计划的批准。

xi）与关联方的交易。

c）解决不动产基金和合资伙伴间争议的方式。

6.6 金融衍生品只可以作以下用途：

a）资产组合中现有头寸的对冲。

b）有效的资产组合管理（EPM），前提是衍生工具不被用作调整整个资产组合。

7. 投资/活动的限制和要求

7.1 不动产基金必须与下列限制/要求相符：

a）根据第7.5条的规定，至少75%的不动产基金的存置资产应投资于可以产生收益的房地产。

注：可以产生收益指的是其收益率（不包括任何人工提升收益率的手段）高于无风险收益率。对此，无风险收益率被视为新加坡5年期国债在某日期之前12个月内的最高收益率。该日期为在申请授权时，向监管方提供草稿估值报告的日期。

b）不动产基金不可以从事房地产开发活动，不论是自主开发还是与他人联合开发，或通过投资于未上市房地产开发公司的形式，除非不动产基金计划在该开发完成后持有该物业。

c）不动产基金不可以投资于空置的土地和抵押（抵押担保证券除外）。这项禁止不影响不动产基金投资于已获得开发批准将要在空置土地上建造的房屋，或其他未完成的房地产开发。

注：未完成的地产指的是尚未得到相关监管机构发放的临时占有声明（temporary occupation permit）或相关等同意义的文件。

d）房地产开发活动总合同价值和用于未完成项目的投资仅在如下情况下可以超过不动产基金的存置资产的10%（但不超过25%）：

i）多出的15%的允许额仅被用来对于已经持有3年以上的现存房地产进行翻新，并且不动产基金将继续在翻新结束后持有3年以上。

ii）不动产基金在普通会议上得到了参与人的特殊决议，并通过该翻新计划。

注：为免生疑问，每次应用多出的15%允许额的时候，都应当得到参与人允许。管理人应当在寻求参与人允许的时候，引用将要使用允许额的相关房地产资产。针对本段，投资的价值是合同购买价，而非当期阶段性付款的价格。

e）关于6.1（c）（d）（e）中提到的可允许投资（以及在有资格的金融机构的存款和高质量的货币市场工具或债券），不高于不动产基金的存置资产的5%可被投资于同一个发行人的证券或同一个基金管理人的不动产基金。

公司及其子公司被视为同一发行人或基金管理人。对其他不动产基金的投资不应被作为规避第5段规定的禁止关联方交易的方法。

注：“有资格的金融机构”“高质量的货币市场工具或债券”与本部分附件2之货币市场基金中的含义相同。

7.2 不动产基金的收入除了以下来源之外的其他来源，须不超过10%：

a）通过不动产基金持有的房地产的租客所得到的租金回报。

注：租金回报包括通过租赁得到的附属回报，例如标志性空间利用以及租户的广告费。

b）来自SPV或其他不动产基金允许的投资的利息、分红和其他相似的回报。

来自于这些来源的收入预期比例应当稳定，无重大波动。如果违反了这条要求，基金管理人不应当采取任何行动进一步扩大违背行为。

7.3 基金管理人可以宣布向参与者分红。如果其宣布的分红高出净利润，管理人应当证明其已咨询受托人，并说服受托人。基于合理的预期，在发放分红之后立即启动不动产基金，能够通过其存置资产，在其负债到期时进行偿还。管理人的证明文件应当包括分红政策的描述，从不动产基金的存置资产中得到分红数额的方法和假设。该证明文件的发布应当与宣布分红在同时进行。

7.4 在7.1（d）（e）段规定的投资限制/要求在进行交易时适用。不动产基金不被要求处置违背限制/要求的资产，如果这种违背是由以下原因造成：

a）不动产基金资产的升值或贬值。

b）不动产基金单位的赎回或分配。

c）就对房地产和非房地产公司（本地或国外）拥有或发行的上市股票的投资，由权利、红利或其他资本性质利益引起的证券总发行面值的变化。

7.5 由于不动产基金撤销或发行新的基金单位导致计划对房地产的投资低于其存置资产的75%时，应在下述时间范围内将该比例提高到75%：

a）12个月，如果房地产项的投资占其存置资产的50%～75%。

b）24个月，如果房地产项的投资不足于其存置资产的50%。

7.6 在以下情况下，7.5不适用：

a）在撤销基金单位的情况下，不动产基金要约在12个月内［对应第7.5（a）项的规定］或24个月内［对应第7.5（b）项的规定］，通过现金返还（通过赎回）或分发至少70%的撤销收入。

b）在发行新基金单位情况下，不动产基金要约在12个月内［对应第7.5（a）项的规定］或24个月内［对应第7.5（b）项的规定］，返还至少70%的发行新基金单位的认购收入。

c）在或者撤销基金单位，或者发行新基金单位的情况下，不动产基金均处于被清盘状态。

8. 不动产基金的房地产投资估值

8.1 依据适用的物业评估实践守则，估价师至少每财年一次对每一项不动产基金的房地产资产进行全面的评估。

8.2 当管理人建议发行须认购的新基金单位或赎回现存的基金单位，且上一次资产评估在6个月之前时，管理人必须谨慎地决定是否采用案头评估方法，尤其是当市场情况暗示房地产价值已经发生了本质性变化。

8.3 针对段落8，如果是进行全面或案头评估，估价师必须满足下面条件：

a）不是管理人的关联公司，与管理人无关系，不是任何受托人认为将影响估价师给出独立和专业的物业评估报告的不动产基金协议的签订方。

b）向受托人披露任何正在进行谈判的未决商业交易、合同，与管理人或与不动产基金签订合约的其他当事人的其他安排，和可能影响估价师给出独立和专业的房地产评估报告的其他因素。受托人将在决定此人是否有充分的独立性作为不动产基金的估价师时，对上述披露予以考虑。

c）依照评估行为发生地所在国家或地方的法律为授权的估价师；

d）在评估所述类型物业和相关领域拥有必要的专长和经验；

e）不可连续2 年以上评估相同的物业。

8.4 关于利益相关方交易，依照段落5.1（d）的规定，不动产基金应该以合理的价格购买或出售房地产资产。“合理价格”是指如下情况：

a）在收购的情况下，价格不高于评估价格的110%（估价师由不动产基金付酬）而且该评估不早于6个月前。

b）在处置的情况下，价格不低于评估价格的90%（估价师由不动产基金付酬）而且该评估不早于6个月前。

8.5 针对段落8.4中的购买或处置日期是指出售和购买协议的日期，当对同一房地产资产有不只一个估价师进行了不只一次的评估时，管理人应该采用评估价值的平均值。

8.6 当房地产资产以不是按照段落8.4规定的价格被买或被卖时，必须得到受托人的事先批准。

8.7 尽管有段落8.1和8.2的规定，如果受托人或管理人认为是出于维护基金参与人的最佳利益，不动产基金的房地产评估可以被进行。

9. 杠杆借贷总额限制

9.1 借款可以用作投资或赎回目的。不动产基金可以用其资产为这样的借款作担保。

注1：借款包括担保、票据、债券、财团贷款、双边贷款和其他债务。

注2：债券和票据可以是不动产基金直接发行或通过SPV间接发行。

注3：贷款协议可以包含“控制权改变”条款，如果：a）该条款仅仅被出借方要求；b）如果出借方同意，该条款可失效；c）该条款根据交易所上市要求被公开披露。“控制权改变”条款指的是，在一个贷款协议中，有条款指定了任何某基金单位控制人的利益，或者针对不动产基金的控制权改变有限制，从而违反这样的条款或限制导致相应贷款协议的违约。

9.2 不动产基金的全部借款和迟延付款（合称为“杠杆借贷总

额”），不应超过基金存量物业的45%。

注1：延付款包括以现金或不动产基金单位购买的资产的迟延付款。

注2：针对9.2，混合证券可排除在杠杆借贷总额之外，如果满足如下条件：

a）证券有永久条款。

b）赎回权可以由不动产基金全权决定。

c）分红不是累积性的。

d）没有刺激不动产基金赎回其份额的特点（例如递升利率）。

e）在流动性方面有很强的从属性。

9.3 如果借款被全部或部分地用作购买新的物业，用来决定杠杆借贷总额的存置资产的价值，可以包括被购买的新物业的价值，且如果满足以下条件：

a）借款与物业购买的完成发生在同一天；或如果借款发生在物业购买完成之前，那些借款被存在一个分开的银行账号上，该账号由不动产基金专为存入这样的资金而开设和持有。

b）以借款筹得的资金仅被用于购买物业包括相关的支出，如印花税、法律费用及专家和顾问费用（所有这些必须是公平的），不为其他的目的。

c）如果借款发生在新物业被购买之前而且管理人事后意识到或是合理地应该意识到该购买将不进行，管理人必须尽快退还以这样的借款方式筹得的资金。

9.4 杠杆借贷限制不视为被违反规定，如果是由于客观条件超出管理人的控制而发生下列情况：

a）不动产基金的资产贬值。

b）基金单位被赎回或不动产基金的支付行为。

如果由于上述（a）或（b）的结果导致杠杆借贷的总限额被超出，管理人不应该继续借入额外款项或者进行进一步的迟延付款安排。

9.5 为了计算杠杆借贷总额以决定对杠杆借贷限制的遵守情况，如果不动产基金通过持有未上市的特殊目的投资工具（SPV）的股份投资房地产，由不动产基金持有的所有SPV的杠杆借贷总额将基于每一SPV中的不动产基金的股份则按比例合计。为避免疑问，上述SPV的资产也应基于每一特殊目的工具中的不动产基金的股份按比例合计。

10. 未上市不动产基金的赎回要求

10.1 依照10.2和10.3段的规定，针对未上市的不动产基金，管理人应每年至少一次要约，以赎回基金单位。

10.2 依照10.1段的规定，任何赎回基金单位的要约均应连同适当的通知送达参与人，并且应说明如下情形：

a）每一基金单位将被赎回的预定价格。

b）要约保持有效的期间（要约发出后，期间至少持续21个日历日，但是任何情况下，要约保持有效不超过35个日历日）。

c）资产或借款：用来满足10.3段规定的最少量的赎回要求或管理人建议的较大量的赎回要求，视情况而定。在非现金资产的情形下，通过出售这样的资产而预期可得到的现金的数量应作出说明。

d）受10.3段规定的最低量的限定，如果可得到的资金［按（c）分段所述，从现金、出售非现金资产或指定用途的借款］不足以满足所有的赎回要求，赎回要求将被按比例满足。为此目的，依据要约提出的赎回要求，直到要约期满后方可被满足。

e）由于要约期间不动产基金资产价值的变化，基金单位最终将被赎回的实际价格（由参考可得到的不动产基金资产组合的最后评估价扣除适当的交易成本后确定），可能不同于分段（a）中给出的预定价格。

f）同时，在其全部赎回要求不能被满足的情况下，参与人应该选择他是否希望进行基金单位赎回。

g）依据赎回要约提出的赎回要求将在要约期满后30个日历日内被满足。此期间可以被延长为要约期满后60个日历日，前提是管理人令受托人信服这样的延长是维护不动产基金的最佳利益。如果得到参与人的批准，赎回期可以被延长至要约期满后超过60个日历日。

10.3 关于10.1段规定的赎回基金单位的要约，至少不动产基金持有的存量物业的10%应被要约。当管理人收到的全部赎回要求少于10%时，所有的赎回要求应被全部满足。

11. 披露要求

11.1 年度报告应该由管理人在每一财政年度终了时准备好，并披露如下信息：

a）财政年度内所有房地产交易的详细资料，包括买方/卖方的身份、购买/出售的价格及其估值（包括用以评估资产的方法）。

b）所有不动产基金持有的房地产资产的详细资料，包括资产的位置、购买价格及其最后估值、收到的租金和出租率，或不动产基金所租赁物业的剩余租期（如适用）。

c）不动产基金的房地产资产的租户资料，包括如下方面：

i）租户总数。

ii）头十大租户，及头十大租户每一位的租金占租金总收入的百分比。

iii）租户的商业领域汇总，即主要商业领域租金占租金总收入的百分比。

iv）租约到期情况，即以后5年每个将到期租约的租金占租金总收入的百分比。

d）不动产基金其他资产的详细资料包括：

i）前10项最重要的资产（包括按市场评估价格计算的基金单位的数量和所占比例）。

ii）投资分布的美元价值和比例，以国家、资产类别（即股票、抵押贷款证券、债券等）及所有债券的信用等级（即“AAA/AA”等）进行分类。

e）不动产基金涉及衍生工具的详细资料，包括投资的数额（即全部合同总价净额）和衍生品投资按照市场价值在全部基金规模中的占比。

f）不动产基金投资在其他不动产基金中所留存的详细资料，包括全部基金规模中已投入的数额和比例。

g）不动产基金借款的详细资料，包括到期资料。

h）不动产基金的迟延付款安排的详细资料（如适用）。

i）不动产基金的全部经营费用，包括付给管理人和利益相关方（如适用）的全部费用和收费（或者是绝对值，或者是占财年末尾不动产基金NAV的百分比，与不动产基金的房地产资产相关的税收）。

j）本财年的不动产基金分红宣布。

k）不动产基金的运作情况（形式连贯一致），包括不同时间段（1年，3年或10年）的运作情况，具体包括：

  i）如果是未上市的不动产基金，运作情况是以期限内的“要约竞标”为基础计算的。

  注：为了比较该不动产基金与指数或其他不动产基金的表现，这些对比应当基于SFR规定第26条。

  ii）上市的不动产基金，其运作情况是以期限内交易的基金单位价格在证券交易所的变动为基础计算的。

  注：计算应当基于前一个汇报时期结束的最后一天的收盘价（或者对于新基金，首次交易的开盘价），与当前汇报时期最后一天的收盘价进行对比，来计算基金的表现。应该假设任何股息和分配在它们被派发的当天重新投资于不动产基金。

  注：股息或分配被计算于重新投资的价格应当是在其派发日期前一日的出价（bid-price，针对非上市基金）或者是在交易所交易的基金单位的收盘价（针对上市基金）。

l）财年开始和结束的每基金单位的净资产。

m）上市的不动产基金，在财政年度开始和结束时基金单位在证券交易所的挂牌价，财政年度内的最高价、最低价以及交易量。

n）不动产基金在本财年收到的收入支持性付款（income support payment）的金额，以及这些付款对于不动产基金每基金单位分派股息（DPU）的影响。

o）如果收入的支持性安排是基于主力租户的，那么本财年在主力租户安排下的租金数额和其他租赁得到的实际租金数额之间的差距，超过其他附属租户的租金数额时，该主力租户安排被视为是收入支持性的。

p）任何实际DPU与预计DPU之间的实质性偏离，并须附以详细的解释说明。

11.2 证券期货规则的第三计划要求公开说明书披露投资不动产基金的特别风险。此类风险包括但不限于：

a）多样化：不动产基金倾向于不及一般证券基金的多样化。

b）高负债：不动产基金倾向于比一般证券基金负债高。如果利率突然提高可能带来风险。

c）估值：不动产估值影响房地产基金的基金单位的要价，是主观性的。

d）缺乏流动性：不动产基金中的底层资产经常是缺乏流动性的。市场条件变化时，可能不得不通过出售物业以满足分配，或满足赎回要求（如果基金被撤市或退市）。不动产基金可能在需要时无法便捷地完成物业出售。

11.3 当管理人意图收取或基于不动产基金对房地产资产的收购已经收取了费用时，在给基金单位持有人或其他适当媒体的发售文件、通函中，下列内容应该以比例或美元价值，以及表格的形式被披露：

a）应支付给管理人的收购费。

b）如果利润预测被作出，导致如下情形：

i）归不动产基金的预期增加的收入。

ii）预期增加的基数和应支付给REITs管理人的业绩费。

11.4 当管理人意图收取或基于不动产基金对房地产资产的处置已经收取了费用时，该收费（以比例或美元价值的形式）应该在给基金单位持有人或其他适当媒体的发售文件、通函中予以披露。同时，应包括关于该处置是如何维护参与人的利益的解释。

11.5 当费用支出需要通过不动产基金的存置资产被支付时，每一项付款的正当性都应当在公开说明书中被披露（如果是首次公开发行），或者是在2015年12月31日当天或之后结束的相关财年的第一份年度报告中披露（如果是现存的不动产基金），以及在通函中披露（如果是在不动产基金的存续期间）。当需要支付业绩费的时候，公开说明书或通函也应当披露如下事宜：

a）业绩费的计算方法。

b）这种计算方法在考虑到参与者长期利益情况下的正当性。

注：披露应当遵循本附件后面框中的附件2的导则。

11.6 当预测分配收益率在公开说明书、通函、通告、营销材料，以及其他发送给不动产基金参与人的相关报告和文件中被提到时，针对现存或建议的、会实质性增加短期收益而稀释潜在长期收益的安排，应当基于清晰显著的披露。如果是公开说明书和通函，披露还应当包括这类安排的风险，以及这类安排可能如何影响当前和未来收益的分析。

这份分析应当包括假设此类安排不存在情况下的预测收益率的计算。为免生疑问，本段中的要求不适用于仅仅为了对冲目的的安排。

11.7 如果不动产基金与管理人之间有管理协议，管理协议的条款应当有清晰显著的披露，以及出现因为管理人的缘由而在管理协议期间终止服务的情况。如果有赔偿的话，需有赔偿的计算方法。以上披露应当在公开说明书、通函以及其他发送给基金参与人的相关报告和文件中被披露。

12. 折价发行

在不动产基金上市日，不应当对认购基金单位的任何机构投资者折价发行。如果机构投资者的认购是在上市之前，并且这些投资者承担上市未完成的风险或者不论不动产基金是否后续上市，投资者都会支付这部分基金单位的份额，那么本禁令不适用。

13. 合订证券结构

一支房地产基金，与其在交易所上市相联系，可以与另一个活跃操作的实体的证券进行合订发行，前提是该实体：

a）拥有与不动产基金相同产业细分板块的商业运营。

b）从事的商业运营或提供的服务是不动产基金持有的资产的附属。

14. 咨询监管机构

如果管理人意图进行一些安排，可能违背“所有的参与人应当被平等公平对待”的原则，或是可能导致建议交易的价值不够明显时，应当提前咨询监管机构。

附件2：从存置资产或不动产基金中向管理人支付费用的披露导则

1. 范围

1.1 本导则旨在针对集合投资计划准则的附件6的11.5段提出的费用披露要求，提供一般性指导。如果需要任何进一步澄清，可以咨询监管机构。

2. 一般原则

2.1 披露应当清晰、合理、有信息量、有意义。

2.2 披露应当提供给参与人从存置资产或不动产基金中向管理人支付费用的不同类型和各自目的。

3. 支付给管理人的费用的解释和正当性

3.1 为了促进参与人理解支付给管理人的费用的本质、类型、程度和数量，披露应当包括以下内容：

a）每一项费用支付的合理性和目的（包括无限制基础费、业绩费、收购费、处置费，以及发展管理费）。

b）每种费用类型是如何计算和发放的（包括支付形式，例如是现金还是基金单位），遵守信托契约中的相关条款。

3.2 以上提到的每一项费用的合理性与目的应当是独立的，这些费用之间不得有重合。

3.3 如果某类型支付给管理人的费用可以覆盖部分的另外某种支付给非管理人以外的某一方的费用所带来的服务，管理人应当解释这是如何产生的，以及其合理性。

4. 关于业绩费的额外披露

4.1 如果有支付给管理人的业绩费，管理人应当清晰地解释计算业绩费的方式是如何能够做到如下两点的：

a）基于全体参与人的利益，促进管理人提升不动产基金的长期价值和前景。

b）不鼓励管理人承担过多的短期风险。

4.2 针对本附录4.1条，如果其解释是不被认为是充分的，则业绩费的计算须符合信托契约的条款及行业的一般操作。